中华当代学术著作辑要

保险发展模式论

林宝清 著

商务印书馆
The Commercial Press

图书在版编目(CIP)数据

保险发展模式论/林宝清著.—北京:商务印书馆,2021
(中华当代学术著作辑要)
ISBN 978-7-100-20391-3

Ⅰ.①保…　Ⅱ.①林…　Ⅲ.①保险—研究—中国
Ⅳ.①F84

中国版本图书馆 CIP 数据核字(2021)第 190375 号

中华当代学术著作辑要

保险发展模式论

林宝清　著

商 务 印 书 馆 出 版
(北京王府井大街36号　邮政编码100710)
商 务 印 书 馆 发 行
北 京 通 州 皇 家 印 刷 厂 印 刷
ISBN　978-7-100-20391-3

2021 年 12 月第 1 版　　　开本 710×1000　1/16
2021 年 12 月北京第 1 次印刷　印张 13¼
定价:88.00 元

中华当代学术著作辑要

出 版 说 明

学术升降，代有沉浮。中华学术，继近现代大量吸纳西学、涤荡本土体系以来，至上世纪八十年代，因重开国门，迎来了学术发展的又一个高峰期。在中西文化的相互激荡之下，中华大地集中迸发出学术创新、思想创新、文化创新的强大力量，产生了一大批卓有影响的学术成果。这些出自新一代学人的著作，充分体现了当代学术精神，不仅与中国近现代学术成就先后辉映，也成为激荡未来社会发展的文化力量。

为展现改革开放以来中国学术所取得的标志性成就，我馆组织出版"中华当代学术著作辑要"，旨在系统整理当代学人的学术成果，展现当代中国学术的演进与突破，更立足于向世界展示中华学人立足本土、独立思考的思想结晶与学术智慧，使其不仅并立于世界学术之林，更成为滋养中国乃至人类文明的宝贵资源。

"中华当代学术著作辑要"主要收录改革开放以来中国大陆学者、兼及港澳台地区和海外华人学者的原创名著，涵盖文学、历史、哲学、政治、经济、法律、社会学和文艺理论等众多学科。丛书选目遵循优中选精的原则，所收须为立意高远、见解独到，在相关学科领域具有重要影响的专著或论文集；须经历时间的积淀，具有定评，且侧重于首次出版十年以上的著作；须在当时具有广泛的学术影响，并至今仍富于生命力。

自 1897 年始创起，本馆以"昌明教育、开启民智"为己任，近年又确立了"服务教育，引领学术，担当文化，激动潮流"的出版宗旨，继上世纪八十年代以来系统出版"汉译世界学术名著丛书"后,近期又有"中华现代学术名著丛书"等大型学术经典丛书陆续推出,"中华当代学术著作辑要"为又一重要接续,冀彼此间相互辉映,促成域外经典、中华现代与当代经典的聚首,全景式展示世界学术发展的整体脉络。尤其寄望于这套丛书的出版,不仅仅服务于当下学术,更成为引领未来学术的基础,并让经典激发思想,激荡社会,推动文明滚滚向前。

商务印书馆编辑部

2016 年 1 月

再 版 前 言

　　《保险发展模式论》一书是笔者于1991年12月2日答辩通过的博士学位论文。作为博士学业的研究成果,应感谢我的第二任导师张亦春教授,他为此付出了辛勤的劳动。我也十分感谢江其务教授、邓子基教授、席克正教授、黄宝奎教授、潘德年教授和邱华炳教授,由他们组成的答辩委员会对本书的修改至善提供了不可多得的宝贵意见。尤其是江其务教授,他在我的论文完成阶段就给予了许多指导与肯定。我还应该感谢郭晓航教授,他不顾年迈在相当有限的时间内认真评点了全文并给予了有益的教正。

　　拙作在1993年11月由中国金融出版社出版。本书所创立的以保险分配关系商品化为立论的"保险本位商品说"及其理论体系与保险经营风险控制计量模型,为1998年8月高等教育出版社出版的普通高等教育"十五"国家级规划教材《保险学》(魏华林、林宝清主编)所采用,该教材获2002年全国优秀教材二等奖,已出至第四版;本书在2014年获评中国保险学会保险复办35周年"重大学术优秀成果"学术专著奖。

　　拙作承蒙商务印书馆雅爱,入选"中华当代学术著作辑要"丛书而再版,幸甚至哉,诚此深表谢意!

　　谨以此书致敬先导师洪文金教授!

　　叹曰:

一生学问,仅此一书,

微之又微,慎之又慎;

弃之不舍,示之则惴,

时也是也,迂乎乐乎!

林宝清

2021 年 3 月

内 容 提 要

《保险发展模式论》以金融型保险为研究对象。金融型保险即商业保险,有三层含义:(1)保险经营是商品性经营;(2)保险机构是金融性企业;(3)保险与金融相互渗透、互动发展。

社会主义市场经济体制的确立,促使我国保险体制开始从传统的财政模式向新的金融模式过渡,这个过程尚未完成。迄今,我国保险体制仍然是财政主体模式。

1985年春,中国中青年保险研究会在武汉大学召开第一次学术研讨会。武汉大学张旭初教授提出"保险经营是商品性经营",我提出"全金融型保险经营"的改革方向。这两个命题争议至今。金融型方向虽有趋同认识,但尚未完全摆脱财政型窠臼。至于"保险商品"看法,则呈百家之态。这个问题,在理论上,涉及保险经济学和保险经营学的基础理论构建和学科体系框架建设问题;在实践中,则涉及保险体制改革、保险市场概念、经营模式取向、保险价格形成机制、保险市场与其他商品市场的关系与联系等一系列政策措施取向问题。理论往往是实践的先导。我们如果不能在理论上阐明保险的商品属性,那么也就不能在实践中最终完成向金融型保险模式的过渡。因此,本书就以"保险作为独立的商品形态"为中心命题,展开讨论与研究。

本书总体框架如次:上篇"商品论",由第一、二、三章组成,是定性研究,为全书奠定理论基础;中篇"供求论",由第四、五章组成,是定量研究;下篇"市场论",由第六、七组成,进入理论联系实际,探讨建立在社会主义市场经济条件下的具有中国特色的保险市场模式及其政策取向。

第一章"保险与保险公司的性质职能":不少书刊在运用"保险"与"保险公司"这对概念时的区别,并不像货币、信用与银行那样明晰严格,往往混为一谈,以致无法说清它们之间在职能上的区别与联系。有的在直观上分清了,但一进入职能讨论则又模糊了这对概念,从而失却讨论的共同基础。本章力图从原理上说清它们之间的区别,阐明它们在职能因果联系上的来龙去脉。首先,以形式逻辑界定了保险范畴,以辩证逻辑阐明了保险分配关系的本质,揭示了保险分配关系内部的和外部的对立统一,从而描绘了保险组织形式从低级(行会合作保险)到高级(金融型保险)发展的历史轨迹。其次,从保险积蓄保险基金职能到保险公司掌管保险基金和吸收储蓄两职能之获得,论证了保险公司作为金融机构的必然性,并得出保险公司之性质即"组织经济补偿职能和融通资金职能的统一"的概念。本章是以后各章的奠基性研究,尤其是对保险和保险公司基本职能的研究,为第二章保险商品属性的研究做了理论上的先行准备。

第二章"保险商品论":保险是否具有商品属性? 近年来,在商品派与非商品派之间形成严重对峙。非商品派不能说明保险市场存在的现实、买卖与交换原则以及价格形成机制等问题。而现有的商品派以保险公司职能的商品化为立论所创立的"劳务商品说"及其价值公式,又都存有不可调和的矛盾与不可克服的缺陷。本书以保险职能商品化为理论取向,提出了"保险是纯粹独立的非劳动产品商品"概念,创立"保险本位商品说",并以马克思关于商品属性学说为指导,论证了保险商品价值和使用价值两者的质和量的规定性,进而考察并探讨了保险商品经营资本的运动形式及其经济意义(为保险供求的定量研究做理论准备)。在严格界定保险商品价值量与使用价值量的前提下,肯定了保险商品在个别交换场合同样通行着等价交换原则。同时还探讨了保险交换不同于一般商品交换的特点及其支配规律。

第三章"保险费支出的性质与来源":保险费是购买保险商品时所支付的价格费用。它是实现保险分散危险机制的唯一手段和建立保险赔付基金的唯一来源。作为经济范畴,保险费又是保险分配内部关系与外部关系的最集中表现。本章以马克思《哥达纲领批判》中著名的扣除原理和《资本论》中的有关论述为指导,结合我国国民收入分配体系中的保险分配,说明政府机关、企事业单位和居民个人保险费支出的性质和来源。着墨于讨论企业保险费支出的性质、来源、补偿和平均化原理。本章所考察的保险费以及保险消费与收入的关系,是下一章保险需求与定量分析的开始。

第四章"保险需求与定量分析":分三个步骤进行。首先,通过保险需求的交叉弹性分析,以商品的价格为纽带把保险市场与其他商品市场联系起来,以考察保险需求变动情况。其次,通过对保险需求曲线斜率的讨论,发现:(1)保险价格越高,保险需求的价格弹性越大的原理,该原理为保险公司的规模经济提供了信号;(2)保险价格弹性绝对值存在着小于 1 的现象,该现象只能由保险与金融相互渗透、互动发展之趋势加以说明。最后,也是本章的核心,它通过对国际上 66 国横向和 22 国纵向比较研究,发现保险需求收入弹性系数与国民生产总值(GNP)无显著相关,并测定其目标值置信区间为 1.015 至 1.058。该目标值为保险发展的宏观计划调控提供了相当简便易行的定量预测手段,同时还揭示了保险费收入增长速度高于国民收入增长速度的规律、保险产值占 GNP 比重不断上升的规律。

第五章"保险供给与均衡价格":本章在研究了保险公司承保能力与保险金额供应之间相互制约的基础上,运用保险经营财务稳定系数 k 原理,推导出单个保险公司危险单位承保限额极限比率〔$lx = 2k(1+3k)/3$〕、单个保险公司总准备金比率($r = 3k$,用于自控参照)和经营资本比率($g_B = 3k$,承保总额极限),同时建立了保险经营资本 G_B 流动性合理化的数量模型。这些研究为保险公司的自我约束和保险管理当局的监控提供了可信的定量管理手段。此外,本章还考察了保险市场供给主体的竞争程度与市场均衡价格形成机制,为第七章市场模式取向选择做准备。

第六章"我国保险压制的特点与分析":保险压制是一种市场现象,是整个金融压制的一个组成部分。本书从市场垄断模式下的保险压制、财政范畴中的保险压制和金融压制环境中的保险压制等三个层面,分析了我国保险压制具有市场高垄断、费率高水平、金融化程度低等特点。本章的剖析为下一章我国保险体制改革的市场模式取向提供了基本的政策思路。

第七章"我国保险市场模式取向选择":我国保险市场的现存模式,归纳起来有四种:独占模式、闽广模式、上海模式和深圳模式。这四种模式客观上反映出我国保险体制正在进行着一场小心翼翼的、由浅入深的"外科手术"式的探索与改革。《保险企业管理暂行条例》从法规程序上规定了"多家办保险"的方向,改革开放的大趋势决定了我国保险体制不可能再后退到独家垄断模式。本章在比较了当前"寡头垄断模式取向"和"开放竞争模式取向"两种不同主张之后,结合现状分析,认为"垄断竞争模式取向"是必然趋势。在澄清关于保险市场竞争必然导致"破产倒闭""自杀性费率""管理费用浪费"等几个有失偏颇的观点的同时,提出垄断竞争应坚持"公有制主体原则""公平竞争原则""费率自主原则""经营独立原则""税率一体原则""替代竞争原则"等一系列政策取向建议。

本书在"结语"部分以快刀斩乱麻的手法,简短地勾勒出自始至终都体现在"保险发展模式论"这一主题中的"四大改革主线"和"四大政策目标",用以突出本书的创作思路与宗旨。读者能否接受本书的主要观点,可最终从这里得到判断。

目　　录

上篇　商品论

下篇　市场论

上篇
商　品　论

第一章　保险与保险公司的性质职能

　　保险的性质职能与保险公司的性质职能,是保险经济学和保险经营学这两门学科中的两大基本理论问题。对它们的不同认识构成了学术界对我国保险经营模式取向、保险经营因何成为商品性经营、如何界定保险商品的内涵,以及保险经营理论与政策制度选择等问题的诸多见解与流派,且不绝于书刊。因此,我们的研究也就从这里开始。在这里,我想再一次提请读者注意:"本章是以后各章的奠基性研究,尤其是对保险和保险公司基本职能的研究,为第二章保险商品属性的研究做了理论上的先行准备。"①

一、保险的性质

　　研究保险的性质,概括起来是三个方面的问题:(1)保险的定义是什么?(2)保险的定义反映不反映保险的本质?(3)如何追寻保险的更深层本质?这三个问题构成了对保险概念与范畴的全面认识。

(一)保险的定义——质的规定性

　　给保险下定义是形式逻辑的基本任务之一。形式逻辑从既成概念的外延大小及内涵属性多少等量的方面来研究概念。内涵是概念对事

---

① 参阅本书内容提要部分。

物的本质特征的反映,而概念的定义必须用另一概念来明确被定义概念的内涵。所以,概念的定义也就揭示了概念所要明确的具体事物的具体本质。不过形式逻辑所研究的事物本质,仅仅是确定该事物区别于他事物的质的规定性。

关于保险的定义,即保险反映的具体经济现象的质的规定性,国内外学者众说纷纭,各执一词,争论的主要焦点有:

1. 关于"合同行为"是不是保险概念的内涵问题

综观国内外保险学论著,把"合同行为"引入保险概念内涵的,实不鲜见。有的甚至把保险与保险合同等同。如英国的马歇尔(S. Marshall)认为:"保险是当事人的一方收受商定的金额,对于对方所受的损失或发生的危险予以补偿的合同。"①德国的马修斯亦如是说,他认为:"保险是约定当事人的一方,根据等价支付或商定,承保某标的物发生的危险,当该项危险发生时,负责赔偿对方损失的合同。"②然而,日本的园乾治教授不以为然,指出:"保险和合同本来就是两个不同的概念。因此,认为保险合同等于保险是错误的。"③

在我们国内,虽未见有把保险直接定义为合同的说法,但是把合同行为引入保险概念的也不乏其说。他们认为:"保险是一种合同行为,通过签订合同而建立的经济关系。"④因此,就把保险的概念顺理成章地定义为:"保险是为了应付特定的灾害事故或意外事件,通过订立合同实现补偿或给付的一种经济形式。"⑤此说从法学角度把保险性质解释为经济法律关系,也就是说把保险交易的契约行为理解成了保险的

---

① 转引自〔日〕园乾治:《保险总论》,李进之译,中国金融出版社1983年版,第6页。
② 同上。
③ 同上书,第7页。
④ 《社会主义保险学》编写组:《社会主义保险学》,中国金融出版社1986年版,第18页。
⑤ 同上。

本质内容,从而颠倒了经济关系与法权关系的关系。

马克思在批判拉萨尔所谓"公平分配劳动所得"时,论道:"难道经济关系是由法权概念来调节,而不是相反地由经济关系产生出法权关系吗?……"①我们从商品经济的逻辑顺序看,应该是:商品生产——商品交换关系——商品契约行为。而不是相反。因此,凡是承认保险是客观存在的经济范畴论者,一般都不同意把合同行为这一法权概念引入保险定义。

2. 关于财产保险与人身保险是否有共同性质问题

日本学者园乾治教授以此为界,把近代资本主义国家保险学派的理论归纳为"损失说""非损失说"和介于二者之间的"二元说",三大流派"十三说"。②

"**损失说**"认为,以经济损失补偿为目的,是财产保险与人身保险的共同性质。本书倾向这种观点(详见下文)。

"**二元说**"认为,财产保险与人身保险两者具有不同的性质。前者以经济损失补偿为目的,后者以给付一定金额为目的。对保险定义采用以"或"书为界的两段式表述。此说在国内保险界较为流行。比如《保险大辞典》给狭义保险(指商业保险)下的定义是:"为了应付特定的灾害事故或意外事件,通过订立合同实现补偿或给付的一种经济形式"。③

实际上"二元说"只强调了保险种概念的内涵,而不是对保险这一属概念下定义。我们知道,种概念=属概念+种差。种概念的内涵量必

---

① 〔德〕马克思:《哥达纲领批判》,人民出版社1971年版,第10页。

② 参阅《保险总论》,第6—17页。

③ 宋国华等编:《保险大辞典》,辽宁人民出版社1989年版,第1页。该定义与前引《社会主义保险学》教科书中的定义完全一致。至于"商业保险"的内涵,请参阅本书的内容提要部分。

然大于属概念,因此,种概念的外延量必然小于属概念(见下文讨论)。

"非损失说"的特点是在保险的定义中完全抛开"损失"的概念,目的在于寻找一种保险的定义,能使之兼容财产保险和人身保险,但往往不容易办到。比如园乾治教授的保险定义:"保险是多数经营单位,以合理计算的共同分担金作为经济补偿的手段,保障经济安定的互助共济制度"。① 同时,他还强调"损失这个概念作为形成保险性质的观点是不正确的"。②

但是,他在保险的定义中既然使用了"经济补偿"概念,又何能完全摆脱"损失"的含义? 因为,补偿总是相对损失而言,没有损失也就无所谓补偿。

3. 关于保险是经济范畴还是经济组织问题

经济范畴与经济组织本来就泾渭分明,但是,在保险经济现象方面不少人糊涂了,以致两者不分。比如园乾治教授在评介保险的"相互金融机关说"时,认为:"把保险作为行为和组织来认识,抓住了保险性质的关键问题。"③国内也有"保险是经济组织"的提法。

笔者以为把保险与保险组织混为一谈,即如把信用与银行混为一谈一样,是不能自圆其说的。尤其是如果在观念上没有把保险与保险组织加以明确的分别界定,那么在讨论保险的职能时,往往会张冠李戴,把本来应属于保险组织(如保险公司)的职能(如组织经济补偿职能和融通资金的职能)认定为保险的职能。④ 可见,严格界定保险与保

---

① 《保险总论》,第17、31页。

② 同上。

③ 同上书,第15—16页。

④ "保险的固有职能就是组织经济补偿。"(引自《社会主义保险学》,第46页。)

"保险的融资职能,是指保险将以收取保费形式建立起来的保险基金的暂时闲置部分,以有偿返还方式重新投入社会再生产过程,从而扩大社会再生产的规模。"(引自王育宪、王巍:《保险经济论》,中国经济出版社1987年版,第20页。)

险组织,对于讨论保险与保险公司的性质职能是非常必要的。

4.关于保险定义的形式逻辑问题

《辞海》中的保险定义是:"以集中起来的保险费建立保险基金,用于补偿因自然灾害或意外事故所造成的经济损失,或对个人因死亡、伤残给付保险金的一种经济补偿制度。"①

该定义犯了所谓"循环定义"的错误。保险定义是实质定义,在定义项中不能出现"保险"这一未被明确的概念,否则处于被定义项的保险概念就不能被明确。目前,国内一些书刊亦有此类"循环定义"的现象。

以上是对保险概念内涵问题的几点评介。我以为,要把握住保险经济现象的质的规定性,必须从以下几个方面考察:

第一,保险是对国民收入中的一部分后备基金的分配和再分配,属分配环节。

第二,没有危险就没有保险。自然灾害和意外事故或事件的存在是保险成立的客观条件。

第三,保险分配是价值形式的分配。

第四,保险分配不同于分配环节的其他分配形式,它是一种对经济损失补偿的部分或全部的平均分摊,在参加者之间体现公平合理原则。

第五,保险是以善后处理经济损失补偿为目的的联合行为。必须有多数人参加才可能有保险活动。

第六,保险是一个属概念,其内涵量的规定性必须使其外延量能够概括所有的保险经济现象。比如:财产保险和人身保险都是对保险的特殊,具有不同特征。但是,如果舍去"财产"和"人身"的限定,则是保险的一般。即如男人和女人,他们之间的性别是不同的,可以分别定义,那是种概念。但作为人,就必然具有共同的质的规定性。

---

① 参阅《辞海》,上海辞书出版社 1989 年版,第 636 页。

　　根据上述意见,个人试把保险定义概括为:保险是多数单位或个人基于特定危险事故或事件所致经济损失的补偿需要,以一定的组合并利用货币形式实现对少数成员损失补偿的平均分摊行为。

　　以上表述的定义具有普遍的适用性,不仅适用于古代的低级形式的行会合作保险(只要求简单的数学平均数分摊),而且适用于现代的高级形式的商业保险(要求以概率论计算的平均数分摊);不仅适用于合同保险(自愿保险),而且适用于法令保险(强制保险);不仅适用于财产保险,而且适用于人身保险。但是,不承认财政救灾后备和经济单位或个人自保是保险,因为前者是以国家为主体的分配,后者是预提准备金,相当于储蓄,都与保险的内涵相悖。

　　定义中的"经济损失的补偿"概念,如果单独使用,可直接简化为"经济补偿"。这是因为补偿相对于损失而言,没有损失则无所谓补偿。如是,只要明确了本概念中"补偿"的性质,那么,"经济补偿"与"补偿损失""损失补偿"等提法,就均属同一概念。这里必须指出,那些认为损失补偿不适用于人身保险的三个理由是没有说服力的。第一:他们说,人的身体和生命没有价值,不能以货币衡量。因此,人身事件不是价值的损失补偿,不能用补偿概念。但是,此说忘记了,诚然人的身体和生命确实是没有价值的,而自然死亡也不能说是损失。然而,在人身方面,可能发生的疾病、伤残、死亡、丧失劳动能力等事件或事故,不是导致货币收入的减少,就是导致货币支出的增加,这正是人身可保利益之所在。参加保险的目的就是为了抵补收入减少或支出增加的影响。从这个意义上论之,人身保险何尝不能适用补偿的概念?第二:有说,人身险中大部分险种带有储蓄性质。储蓄支付是给付性返还而不是补偿。这一理由似是而非,储蓄既非保险的性质亦非保险的职能。储蓄是货币信用的概念之一,不存在保险分配关系。故而带储蓄性质的人身险险种应被看作储蓄+保险。于是,从给付上看,应是固定返还+不固定返还。这个不固定返还的补偿部分就具有保险的经济互助性质,是真正意义上的保险。固定返还的储蓄部分为自保额,保险部分为正负分摊额。比如储蓄寿险,期满生存人分担了期内死亡人所得保险金额中超过他(死亡者)自己储蓄的本利和部分,我把它称为"正分摊额"。再如养老金保险,未能领取年金和尚未全部领回本人储蓄本利和的死亡者,分担了受领人所得年金中超过他(受领人)自己储蓄本利和部分,我把它称为"负分摊额"。据此而论,保险部分使用损失补偿概念,道理不言自明。第三:有说,生存保险中人的生存总不能叫作损失吧。无损失就无所谓补偿。因此,不能用补偿概念,更不能用损失补偿概念。此说又是以偏概全。人的生存固然不是损失,但人的生存并不意味着经济上不会遭到任何意外的损失。比如失业者的生存、丧失劳动力者的生存、失去双亲后的儿童之生存,凡此种种,都无一不是遭到经济上的损失,或失去经济来源。因此,就需要失业保险、年金保险、儿童保险,等等。

保险界有一句至理名言,叫作"无危险,无保险"。祸福相依,祸就是危险,有危险必有损失的可能。人们投保人身险所虑者,"天有不测风云,人有旦夕祸福",必须借助集体的力量以防不测。否则,大家莫如走银行储蓄自保为妙。我国人身保险业务落后,既有受人均国民收入低水平制约的一面,同时也反映着社会主义制度下劳动者经济生活安定的另一面。随着"三铁"制度的打破,可以想见,我国人身险制度必有一番大的作为。资本主义制度下的薪金收入者,他们可以不走银行,但非走保险公司不可。这是因为他们生活在极不安定的社会环境中,充满了诸如失业、疾病、伤残、生老病死等造成经济损失的各种风险,各种危机感。这正是资本主义国家人身保险高度发达的原因之所在。当然,在工业发达国家,储蓄寿险保单的金融资产化,也是人身险发达的重要因素之一。总而言之,发生人身事故或事件后,如果不会造成经济损害,也就无人身保险之可言,如果没有对经济生活可能遭损害的忧虑,也就不会参加人身保险。基于上述理由,我个人认为损失补偿(即定义中经济损失的补偿)亦可适用于人身保险。

(二) 保险的辩证本质——内在矛盾的特殊性

如前所述,形式逻辑研究概念内涵,只反映事物质的规定性方面,即表现于事物外部现象可感知的本质特征,故而不能反映事物的全部本质。人们对事物的认识正是"从现象到本质、从不甚深刻的本质到更深刻的本质的深化的无限过程"。[①] 事物的质的规定性是属于事物"不甚深刻的本质",它是由该事物的内在矛盾的特殊性所决定的。毛泽东指出:"每一物质的运动形式所具有的特殊本质,为它自己的特殊的矛盾所规定。"[②]这里所指的"特殊的矛盾"就是事物的"更深刻的本质",即事物的辩证本质。只有当我们把握了事物的辩证本质时,才能形成对事物整体性质的全面认识,从而把握事物的内在矛盾的特殊性、事物的普遍联系和运动发展规律。如果说我们从形式逻辑方面认识保险经济现象,把握它的质的规定性,即认识保险经济现象自身的同一性和与其他经济现象的相导性,是我们认识保险经济现象的基本前提,那么,我们从辩证逻辑方面认识保险经济现象,则是要把握保险经济现象的辩证本质,即既要把握保险经济现象内在矛盾的特殊性(内部同一性和相导性的对立统一),又要把握保险经济现象与其他经济现象的普遍联系(外部同一性和相导性的对立统一),从而把握保险经济现象发生、发展和消亡的规律。"科学研究的区分,就是根据科学对象所具有的特殊的矛盾性。"所以,认识保险辩证本质是保险经济学和保险经

---

① 《列宁全集》第 38 卷,人民出版社 1959 年版,第 239 页。
② 《毛泽东选集》(四卷本),人民出版社 1991 年版,第 309 页。

营学基本建设的基础。

在保险的定义中，我们已经明确保险是一种平均分担经济损失补偿的活动，那么，很显然在分担的主体之间必然形成一种再分配关系。事物内部关系就是事物内部矛盾的对立统一，就是事物的辩证本质。所以，我以为保险的辩证本质即是一种特有的分配关系。这种特有的分配关系叫作保险分配关系，它是客观存在的。因为，"人们在生产中不仅仅同自然界发生关系。他们如果不以一定方式结合起来共同活动和互相交换其活动，便不能进行生产。为了进行生产，人们便发生一定的联系和关系；只有在这些社会联系和社会关系的范围内，才会有他们对自然界的关系，才会有生产"。① 人类同自然界的关系包括：改造自然物进行物质资料生产；同自然灾害和意外事故做斗争保证生产的顺利进行。为此，在物质资料生产过程中人们需要联合行动。同样，为了消除自然灾害、意外事故或生老病死等给经济生活带来的不安定因素，人们也必须用共同的联合行动，互助共济，共同分担经济损失补偿，以集体的力量增强同自然界做斗争的能力，保证社会再生产的顺利进行和经济生活的安定。这样也就形成了他们之间的"我为人人，人人为我"的一种经济关系，即保险分配关系。由偶然事件和自然力造成的破坏，在任何社会制度下都是不可避免的，这是一条自然规律。所以，在商品货币经济条件下，保险分配关系是客观存在的，是不以人们的意志为转移的，并为生产资料的一定占有形式所制约的一种经济关系。我们在第一章第一节之所以反对把合同概念引入保险定义的内涵，正是因为保险契约形式的法权关系，是一种反映着客观存在着的保险经济关系的意志关系。"这种法权关系或意志关系的内容是由这种经济关系本身决定的。在这里，人们彼此只是作为商品的

---

① 《马克思恩格斯选集》第 1 卷，人民出版社 1972 年版，第 362 页。

代表即商品所有者而存在。在研究进程中我们会看到,人们扮演的经济角色不过是经济关系的人格化,人们是作为这种关系的承担者而彼此对立着的。"①

从近代保险经济看,其内部关系有:(1)被保险人之间的分配关系。这是第一层次的保险分配关系,是保险整个内部分配关系的基本环节,或曰基础。(2)保险人与被保险人之间的分配关系。这是第二层次的保险分配关系,表现为被保险人之间的分配关系的外化,保险经营资本从职能资本中分离出来,而与职能资本相对立。(3)保险人与再保险人之间的分配关系。这是第三层次的保险分配关系,反映着保险资本的社会化、国际化。保险内部分配关系的三个层次反映着保险经济范畴的内部同一性和相异性的对立统一运动。

保险分配关系的外部关系有:保险分配关系与财政、信贷、企业财务、工资、价格等分配关系的关系。保险分配关系与上述分配关系的关系反映着国民经济分配范畴的内部同一性和相异性的对立统一运动。

总之,保险分配关系的对立统一运动只能在上述内部的与外部的关系与联系中得到说明和调整。本书将在以下各有关章节中分别阐述。

(三)保险的本质——质的规定性+辩证本质

在阐明经济学范畴时,分析一般都是从现象到本质,这无疑是正确的逻辑方法。问题在于有的同志往往认为现象和本质是迥然不同的两码事,似乎现象表现出来的特征就不是本质的内容,令人困惑费解。实际上,这种看法是不正确的,因为"本质在显现;现象是本质的"。②

---

① 《马克思恩格斯全集》第 23 卷,人民出版社 1972 年版,第 102—103 页。
② 列宁:《哲学笔记》,人民出版社 1956 年版,第 256 页。

保险定义是对保险经济外部现象本质特征的抽象和概括,所以这些本质特征也应该是保险本质的内容。因此,我把保险的本质用一个公式表示:保险本质＝保险质的规定性＋保险辩证本质。具体表述为:保险本质就是多数单位或个人基于特定危险事故或事件所致经济损失的补偿需要,以一定的组合并利用货币形式在实现对少数成员损失补偿的平均分摊过程中所形成的互助共济的分配关系。简言之,保险本质就是在参与平均分担经济损失补偿的单位或个人之间形成的一种互助共济的分配关系。保险作为经济范畴,是这种分配关系的理论表现。

二、保险的职能

保险性质决定保险的职能。保险职能说明或表现保险的性质,是保险性质或本质的客观要求。从理论上认识、抽象和概括保险的职能,有利于不断完善保险内部的传导机制,有利于适时调整保险分配的内外部关系,有利于充分发挥保险的职能作用,为国民经济的安定发展服务。因此,研究保险的职能不单是理论问题,而且具有重要的实践价值。

目前,国内关于保险职能问题也有多家之说。"单一职能论"认为保险只有组织经济补偿的职能,或曰经济补偿职能①。"基本职能论"则坚持保险具有分散危险职能和经济补偿职能②。此外,还有在基本职能基础上的"多职能论"(例如,分散危险、经济补偿、给付保险金、融资、储蓄、防损防险等)③。

---

① 《社会主义保险学》,第46—48页;《保险大辞典》,第14—16页。说明:组织经济补偿职能与经济补偿职能不同,前者应是保险组织的职能,见下文保险公司职能部分论述。

② 《陕西保险》1986年第1期,第28页;《保险大辞典》,第14页。

③ 《保险大辞典》,第15页。说明:融资职能与防险防损职能应为保险公司职能,见下文保险公司职能部分论述。储蓄职能是货币信用概念,前文已有论述。

应如何认识和科学概括保险的职能呢？根据保险是经济分配的性质，我以为必须从保险分配关系的历史和现状上考察保险职能的发展。我们知道商业保险是从行会合作保险的基础上发展起来的，合作保险和相互保险仅表现为会员之间的保险分配关系。到了商业保险，保险分配关系发展成为以被保险人之间分配关系为基础的保险人与被保险人之间直接的对立化为两极的分配关系，甚至后者隐蔽了前者。当出现分保关系后，则又出现了保险人之间的分配关系。这样，随着保险分配关系内涵的不断丰富，保险的职能必然也随之丰富起来。如果说低级形态的保险只有分散危险与补偿损失两个职能，那么，现代保险一般都有四个职能，即分散危险、补偿损失、积蓄保险基金和监督危险。

（一）基本职能

分散危险与补偿损失是保险的两个基本职能。

1. 分散危险职能

为了确保经济生活的安定，分散危险，保险把集中在某一单位或个人身上的因偶发的灾害事故或人身事件所致的经济损失，通过直接摊派或收取保险费的办法平均分摊给所有成员，这就是保险的分散危险职能。

2. 补偿损失职能

保险把集中起来的保险费用于补偿成员中因约定的保险事故或人身事件所致经济损失。保险所具有的这种补偿能力就是保险的补偿损失职能。

分散危险和补偿损失是保险本质特征的最基本反映，最能表现和说明保险分配关系的内涵。因此，它们是保险的两个基本职能。

"单一职能论"者认为保险只有组织经济补偿职能。如何组织？如何补偿？那当然是用分散危险的办法，诸如收取保险费之类。这样

"单一职能论"就把保险最本质的功能之一——分散危险视为手段了。诚然,分散危险作为组织保险补偿来说是手段,但是作为保险的本质特征之表现来说是职能。即如货币是偿还债务的支付手段,但支付手段毕竟是货币的职能之一。我甚至认为分散危险应是保险的第一职能,没有分散就不可能有补偿,分散危险是补偿损失的前提条件,补偿损失是分散危险的目的,缺一不可。只肯定补偿职能,而把分散危险作为手段来对待,是"单一职能论"的一大缺陷。故而该说值得商榷。

此外,持"二元说"观点者则坚持保险具有给付保险金职能,以与人身险对应。本文在前面既然坚持了人身险中保险部分也是经济损失的补偿,当然也就否定了保险的给付职能,但并不等于说要取消给付保险金这个概念。而且还要强调在人身险方面使用给付的概念是基本准确的,因为给付包含了储蓄的支取,也不违背保险部分的偿付,用赔付有时反而不准确。其实,在日常业务中给付的说法在财产险方面也不少见,同样赔付用在人身险方面也常见,不存在原则问题。

(二)派生职能

笔者赞同这样的看法:"当然保险的职能并不是一成不变的,它随着生产力和生产关系的发展变化而发展变化。一般地说,固有职能不但不会消失,而且会派生出某些新的职能。"[①]我以为保险的派生职能有积蓄保险基金职能和监督危险职能。

1.积蓄保险基金职能

积蓄保险基金应该是保险的一个相当重要的职能,然而又是最不

---

① 《社会主义保险学》,第46页。说明:可惜的是作者并没有谈到何为保险的派生职能。笔者在1986年初提出保险的四大职能时并没有分为基本职能与派生职能,今天的划分受该书的启发。见林宝清:"论保险与保险公司的性质职能",《福建保险》1986年第1期。

受青睐,甚至无端遭忌讳的一个职能。为什么要如此否定这一活生生的职能呢?缺乏充足理由。只不过是对我国 20 世纪 50 年代那种财政型保险的一种防卫心理在观念上的反映。

诚然,落后状态下低级形式的保险只能在狭窄的空间里分散危险。甚至采用何时出险何时直接分摊的经济补偿方法,一般不可能有时间上的分散,因此,补偿就有可能不足,就是当代采用基金制的相互保险也还或多或少地带有这种现收现付制的痕迹。现代科学的保险制度,运用概率论方法,要求有足够的空间容量和时间跨度。因此,保险分散危险就包含了两层意思:(1)空间上分散;(2)时间上分散。从时间分散上来看,分摊经济损失补偿必然要求预提分担金,否则,就不能满足时间上分散危险的要求。预提而尚未赔偿出去的分摊金则必然形成积蓄,保险这种以保费的形式预提分摊金并把赔付结余积蓄下来,达到时间上分散危险的机能,就是保险的积蓄保险基金职能。可以说,现代保险如果没有这一职能,就不能正常维系和发展保险分配关系。如果否定这一职能,也就否定了保险在时间上分散危险的职能。如果否定这一职能,那么,试问当年的保费收入减去当年赔款后的结余,难道不应该成为保险公司的盈利吗?反对这种看法的道理又何在呢?可见否定保险的积蓄保险基金职能的存在是不科学的。

必要的说明。这里运用了"积蓄保险基金"的概念,而不用"积累资金"的概念,非事出无因,也不是在玩文字概念游戏。目的在于:(1)区别"积蓄"与"积累"的不同性质。积蓄的性质是存储,强调了保险基金的独立性、完整性、备用性和安全可靠性。(2)区别保险基金与积累基金的不同含义,以避免产生不必要的误解而争论不休。张亦春教授对此也做过深刻论述:"按照马克思的理论,'积累是扩大再生产的主要源泉',保险基金如果是一种积累,财政拿走用于扩大再生产的投资就有理论依据了。我很赞同这样一种看法,保险基金的性质不能认为是积累性质,而是一种积蓄性质……当然,利用保费收入时间同赔付时间之间的时间差,是可以把一定的比例当作积累用于生产建设,使它增值;但这种暂时转化为积累也是为了更多的积蓄,以保证大灾害大损失发生时的巨额赔付……"①

2. 监督危险职能

这里不提防险防损职能,防险防损概念要比监督危险的内涵大得多。这在讨论保险公司职能时再谈。监督危险职能也是保险分配关系提出的要求。分散危险的经济性质表现为保险费的分担,它构成了投保人风险处理财务的机会成本,参加保险者必然要求尽可能减轻保费负担而获得同样的保险保障。因此,他们之间必然要发生相互间的危险监督,以期尽量消除导致危险发生的不利因素,达到减少损失的目的。保险的这种功能,就是监督危险职能。监督危险在行会合作保险或相互保险会员之间发生的事,到了商业保险则在保险人与被保险人之间进行。比如船舶保险,投保必须适航,不适航不保,已经投保但违反保单适航条款的不赔。再如保险的诚信原则亦为危险之监督。危险监督的经济手段还包括:规定免赔额、自保成数、无赔款优惠费率,国外还有返还一定量保费的做法。这些无非都是保险的监督危险职能在实践中的运用。可见,保险的监督危险职能是客观存在的。充分认识和运用保险监督危险职能,在发展农业保险业务中,有利于防止道德危险和投保人的逆选择。

三、保险公司的性质

在商品货币经济条件下的保险,作为一个特殊的经济范畴,既不从

---

① 张亦春:"加强保险理论研究,促进保险事业发展",《福建保险》1986 年第 1 期。

属于财政,也不从属于金融。然而,当我们考察保险基金的建立过程时,则不难发现,保险基金与财政和金融都存在着某种程度的内在联系。尽管这些联系丝毫不会改变保险范畴的实质,但是,给保险的经营管理方式带来了实质性的影响。综观国内外保险经营管理方式的基本形态,可分为两类:一是以苏联模式的财政集中型保险为代表;一是以资本主义国家金融型的商业保险为特征。保险的经营管理是否被国家所垄断,不能作为划分保险经营管理属财政型,或属金融型的依据,它决定于保险组织机构自身的性质职能、活动领域及其资金运用的方式。

保险经济活动、保险分配关系、保险职能都必须通过一定的组织形式来实现。保险公司是保险分配关系外部组织的高级形式。我国自恢复国内保险业务以来,理论界和实务部门的专家学者不断对我国保险公司的经营对象、管理方式、市场模式等方面,进行了有益的探讨。虽然我国新颁布的《中华人民共和国银行管理暂行条例》规定保险公司受中国人民银行管属,从而在法律上明确了保险公司是金融组织,它的地位是企业经济法人,而不是事业单位,但在理论上和实践上均远未达到共识。金融型、财政型、保险独立型各执己见,不过金融型渐占上风。这里有必要说明的一点是,我并不认为保险公司属谁管就是什么型。比如:我国保险公司属中国人民银行(中央银行)管,但我认为它还是属财政型(见第六章第三节"财政范畴中的保险压制")。又如:日本的保险公司属大藏省管,但它们是道地的金融型。就是保险系统独立设保险总管局,直接隶属国务院,又会怎样呢?可以断言也只有两种选择,即:不是金融型,就是财政型。还有一些同志持事业型的设想,那就完全否定了保险公司的企业性质,也就无所谓保险市场的存在,所以事业型的设想既不可能也不现实。

（一）传统的保险经营思想之检讨——对财政型的扬弃

传统的保险经营思想是指我国现阶段保险经营的主导理论、政策、实践等方面均未能突破传统原则的束缚,这个原则基本上是苏联的模式,它以高度集中统一的计划产品经济为基础。

前面已经指出苏联模式是财政型的,有以下主要特征:(1)保险机构属于财政体系。苏联的保险理论认为:保险是特殊的财政再分配关系,是财政分配的一个环节。国家保险是社会主义财政的一个重要组成部分,苏联国家保险管理总局隶属财政部,按经济核算原则经营。(2)保险机构职能单一。只有组织经济补偿业务,没有金融性业务。(3)保险费集中国家银行,作为信贷资金来源。保险机构把收入的保险费集中存在国家银行的账户内,国家银行根据信贷计划利用这笔暂不使用的资金给国民经济贷款,只有在这种情况下,保险机构才参加货币资金的计划积累和分配。(4)利润大部分上交财政预算。国家保险管理总局将集中性业务利润的 95% 交联盟预算。加盟共和国保险机构业务利润的 80% 上交加盟共和国预算,5% 用来补充加盟共和国的储备基金,7% 为国家保险发展基金,8% 用于住宅建设和工作人员的物质鼓励基金。收入超过支出部分形成加盟共和国国家保险局的利润①。对照我国人保公司经营管理现状,从总体上看与上述特征基本吻合。尽管被规定为金融性企业,但是,其资金运用能力受严格限制,90% 左右的保险基金仍然以存款形式存在银行账户。完全有理由认定,我国的人保公司仍然是属于财政型的保险公司。在 20 世纪 50 年代,财政型保险公司理论上认为"保险的职能是由保险的经济本质决

---

① 〔苏〕M. K. 舍尔麦涅夫主编:《苏联财政》,毛蓉芳、陆南泉译,中国财政经济出版社 1980 年版,第 371 页。

定的,它是财政分配职能和监督职能的具体的、特殊的表现"①;在感性认识上认为"保险和财政是倒口袋";在行动上则是 1958 年的取消国内保险业务。20 世纪 80 年代至今,财政型保险经营思想则有自发的垄断倾向、强制倾向和害怕竞争倾向。实践中则把保险公司的经营活动限制在组织经济补偿这一空间里,盈利与提高保险费成了必然的联系,从而不敢理直气壮地提倡利益最大化。这些都有悖于商品经济的内在要求,窒息保险市场,滋生官商作风,不利于理顺保险市场与其他商品市场的关系,不利于理顺保险分配的内外部关系。因此,必须扬弃财政型保险模式。

(二) 保险公司性质再认识——对金融型的借鉴

随着我国经济从封闭型走向开放型、从产品经济走向商品货币经济,借鉴国外资本主义金融型商业保险的经营管理方式及其成功经验,重新确认我国保险公司的性质职能,对于保险业的经营思想、展业方针和管理方式,从而对于确认保险公司的社会经济地位,充分发挥它的作用都有着极为重要的意义。

资本主义国家的保险公司是整个金融体系的一个组成部分,作为金融机构的保险公司有两大基本职能和两大基本业务。两大基本职能是组织经济补偿职能(保险公司所专有)和融通资金职能(一切金融机构所共有)。两大基本业务是保险业务(直接业务)和投资业务(间接业务)。虽然资本主义保险公司以盈利为目的,组织经济补偿仅仅是一种手段而已,但正由于此,形成了人类物质文明对它的依赖,从而使得保险公司能够凭借其专有的职能、独特的方式聚积资金,并且日益显示出其优势,成为许多国家的金融核心之一。具体表

---

① 《苏联财政》,第 361 页。

现为:

第一,保险公司成为许多工商业,乃至商业银行的后台。例如美国15 家最大企业之一的埃脱那人寿和损害保险公司,1982 年底,资产达到 442 亿美元,投资额达 390 亿美元,纯利润在 4 亿美元以上。它通过巨大的资金投资渗透到许多重要的金融业、工商业、交通运输业和石油企业,收买英国五大银行之一的米兰银行的大量股票,不仅在米兰银行占有董事席位,而且通过米兰银行控制世界最大黄金商行蒙太古公司。

第二,保险公司为本国赚取大量无形贸易收入,对平衡外汇收支发挥重要作用。例如英国的保险市场从 1978—1982 年的 5 年间,为英国赚取净无形贸易收入达 50.40 亿英镑,占英国金融机构全部收入的 34.5%。

第三,保险公司成为工业发达国家输出资本的提供者。美国、日本、德国、英国和法国是世界上最大的资本输出国,它们同时又是年保费收入超过 500 亿美元的超级保险大国,占全世界保险费收入的五分之四以上,它们国内资金的提供者在民间除了商业银行外,另一支力量就是保险公司。

第四,以投资养保险已成为资本主义保险界的新趋势。由于保险公司具有独特的吸收资金的优势,因此,在资本主义国家和地区保险公司发展迅速,1982 年达到 12 726 家。据 1983 年统计,像中国香港这样的弹丸之地竟有保险公司 294 家(银行是 134 家)。保险公司竞起,致使国际保险市场竞争激烈,费率普遍下降,有的甚至降到赔付率的临界点。许多保险公司已经不能像以前那样从承保业务中取得合理利润,甚至亏蚀,只得以雄厚的准备金,通过投资和贷款获取厚利来贴补。比如英国保险公会成员 1982 年非寿险业务亏损达 12.5 亿英镑,投资业务收入 17.34 亿英镑,弥补亏损后还盈余 4.84 亿英镑。美国情况也是如此,1982 年非寿险业务亏损 98.2 亿美元,而税前投资收入达到

150.5亿美元。从这些情况看,保险公司的投资收入已经成为其利润收入的主要来源。国外保险界近年来不断开辟新险种、扩大承保责任范围,固然有其社会需要的一面,但更重要的还是基于竞争和开辟资金新途径。可见,国外保险业早已把保险业务作为吸收资金的一种行之有效的手段。我们可以断言,保险业务和金融业务的相互渗透、互动发展的趋势在所难免①。

（三）金融型保险公司的性质——两大基本职能的统一

上述情况充分说明了保险业在工业发达国家国民经济中的地位和作用之重要。它既是社会财富和文明的保障机构,又是国民经济发展中的重要金融机构。发挥这两方面作用的乃是金融型保险公司的两大基本职能,缺一不可。至此,我们可以把金融型保险公司的性质表述为:所谓金融型保险公司,亦即组织经济补偿职能和融通资金职能的统一。换言之,组织经济补偿职能和融通资金职能的统一是金融型保险公司。

四、保险公司职能

（一）作为保险组织的保险公司职能

作为组织保险经济活动和经营保险业务的保险公司,必然具备组织保险经济补偿职能（称组织经济补偿职能亦可,下同）、掌管保险基金职能和防险防损职能。

---

① 林宝清:"全金融型保险公司是保险业的改革方向",《中国经济问题》1985年第1期。

1.组织经济补偿职能——基本职能之一

保险公司的组织经济补偿职能与保险的分散危险和补偿损失这两个基本职能相对应。组织经济补偿职能之所以成为保险公司的基本职能之一,是由保险的两大基本职能所决定的。一方面,保险公司通过承保业务把被保险人的风险集中在自己身上,出险时履行赔付业务,实现保险的补偿损失职能。另一方面,它又通过扩大承保面或再保险把风险分散出去,在被保险人、保险人之间进行危险分摊,实现保险的分散危险职能。保险公司这种集散风险的操作能力,就是组织经济补偿职能。

保险公司是集中危险和分散危险的中介。集中危险是商业保险公司经营保险的特有方式。诸如行会合作保险、相互保险等都不存在集中危险问题。因为这两种保险组织被保险人与保险人身份合二为一。有的同志认为保险(这里对保险与保险公司不加区分)具有集散危险的职能。此说值得商榷。因为就保险的本性来说意在分散危险,不可能有集中危险的职能。只有出现保险人和被保险人分化为对立的两极,即出现商业保险,才有可能出现集中危险的现象形态,表现为保险人通过概率原理集危险的偶然性为必然性,用收取保费的办法履行集中的赔付或给付义务。如果集中的危险有可能影响到保险财务的稳定性,那么该保险人必然想方设法通过再保险关系予以分散,或者大幅度提高费率以阻挡投保人转嫁风险,如海湾战争期间英国劳埃德公司所做的那样①。所以,保险公司经营保险不在于集中危险而在于分散危险。集中危险仅仅是一种经营手段而已,不能把经营手段当作职能。保险的机制在于分散危险。与此相对应,经营保险的原则也在于分散危险。如果保险公司把危险囤积在自己身上,无异于准备自杀。由此可见,集中危险既非保险的职能,亦非保险公司的职能。被保险人把危

---

① 参阅《金融时报》1991 年 2 月 14 日,第 4 版。

险转嫁于保险人身上,表面上看,似乎保险人把风险集中于自己身上,然而这仅仅是形式而已。在这里,形式掩盖了保险人通过收取保费分散危险的实质。

2. 掌管保险基金职能

保险公司为了组织保险经济补偿,通过收取保费建立赔付和给付准备金,即保险基金。但是,保险人与被保险人之间是等价有偿的交换关系(参阅第二章第四节"保险的商品属性"),保费的收入表现为货币的单方面转移,保险单相当于有条件的"债权证书"。所以,尽管保险公司所积累的保险基金是公司所有(储蓄寿险中的储蓄部分除外),但是从保险分配关系看,毋宁说是保险公司的一种负债。保险公司的这种"负债"就是掌管保险基金职能。

保险公司经营不同于银行。银行收入来源于存贷利差,而保险公司的承保业务收入直接来自保费的一部分。所以,为了防止保险公司把"债"转化为收入,保障被保险人的合法权益和保险公司在巨损下的偿付能力,必须对保险公司采取"限利政策",有效的办法就是监督其按承保总量扩充总准备金。现在有一种说法,叫作"保险公司搞无本生意"(其实不然,参阅第二章第五节"保险经营资本运动形式"),大家把保险看作一块肥肉,争着把筷子伸进来,借办保险之名增加收入,把保险业自身的"债"不合理地转化为利润,甚至滥办保险引起保险市场的混乱。而保险界有些同志一方面强调保险公司积累保险基金的重要性;另一方面,却在不断地否定保险具有积蓄保险基金的职能,孰不知保险公司积累保险基金是它掌管保险基金职能所发挥出来的作用之一,而掌管保险基金职能正是保险积蓄保险基金职能的要求和实现的条件。

3. 防险防损职能

对于这个职能颇有争议。有的认为它是保险的职能,有的否定之;

有的说是保险公司的职能,有的不同意。我以为它并非保险的职能,而是保险公司的职能之一。固然,防险防损各有其专门的职能部门,如公安保卫、消防防汛、医疗防疫、气象地震等部门或机构。但不能就此作为理由来否认保险公司也有其公司范围内的防险防损职能。比如,凡是有腿的动物必有走路的功能,而不能说只有人才有走路的功能,只不过有快慢之分,样子之别罢了。同样,保险公司也是专门与风险打交道的行业,它通过承保时对危险的调查和识别,提出危险处理方案;在承保期间通过危险监督检查,提出防范措施;在标的物出险时通过危险检验核查,总结防险防损经验;凭借自己跟危险打交道的经验开展危险管理的咨询服务,保险公司所具有的这种为保障国家、经济单位和个人财产安全及维护人民身体健康和生命安全提供服务的能力,即保险公司的防险防损职能。保险公司的防险防损职能是由保险的监督危险职能所决定的。其作用有:(1)实现保险的监督危险职能;(2)减少物质财富的损失和增进人民身体健康;(3)减少赔付,增加公司利润和保险基金积蓄。保险公司为了达到这些目的,都本能地提存一定数量的基金用于资助地方政府和其他部门的防险防损支出。

(二)作为金融机构的保险公司职能

作为金融机构的保险公司,不同于财政型保险公司,应具有融通资金职能和吸收储蓄职能。

1.融通资金职能——基本职能之一

保险公司把积累的暂时不需要赔付的巨额保险基金用于短期贷放、流动性较强的投资和一部分中长期投资,这种把补偿基金转化为生产建设资金的能力,就是保险公司融通资金的职能。很显然,保险公司的融通资金职能是由保险公司掌管保险基金职能所决定的,或者说所派生的。融通资金职能对于保险公司来说是非常重要的,它可以极大地降低保险公司积累保险基金的机会成本,增加盈利;同时,为降低保险费率提供物质条件。所以,融通资金职能是金融型保险公司的基本职能之一。

但是,保险公司不是信用中介,也不存在派生存款问题。它的融通资金职能与其他金融机构不同,几乎是单方面的贷出,这是保险公司能够为国民经济提供巨额建设资金之所在。但是,保险公司经营又不像其他金融机构那样,一般正常情况下只要持有一个相对稳定的资金余额就可供周转使用。而保险公司则不然,风险具有很大的不确定性,一旦发生较大灾损,其投资要立即兑现偿付,所以,为了保证保险公司的偿付能力,维护被保险人的合法权益,管理当局得规定保险公司贷放对象和投资范围,保证资本的流动性(参阅第五章第三节"保险供给定量分析")。规定保险公司必须从盈余中提留特别危险准备金、呆账准备金,并实施监督。

2.吸收储蓄职能

严格说来只有举办人身保险的公司才具备此项职能。我们知道,单纯的死亡保险和生存保险无疑是纯粹的保险。它们又都具有射幸的性质,顾客有限。基于人身保险可提供长期性资金及经营一般不可能出现赤字等特点,为了迎合和吸引顾客,保险公司设计了诸如两全保险、确定年金保险、儿童保险、婚嫁保险等名目繁多的带有储蓄性质的保险业务。从而把保险与储蓄巧妙地结合起来,这就使得保险公司具备了吸收储蓄职能。这里提的是吸收储蓄职能,而不提储蓄职能,因为储蓄是货币信用范畴,既非保险的职能,亦非保险公司的职能。保险公司的吸收储蓄职能,是保险公司向金融领域扩张渗透的一种强有力手段,形成了保险业与银行业之间的储蓄竞争。

综上所述,我个人认为保险公司应有五个职能,即组织经济补偿职能、掌管保险基金职能、防险防损职能、融通资金职能和吸收储蓄职能。

其中组织经济补偿职能和融通资金职能是金融型保险公司的两大基本职能。所以我们说,金融型保险公司是这两大基本职能的统一。

五、金融型保险公司的优势

1. 能够促使保险业务与融资业务相互渗透、互动发展

保险公司作为企业,必须搞经济核算,讲求经济效益。因此,像任何经济实体一样,它不仅具有盈利的欲望,而且具有增加盈利的冲动,这是企业的内在动力之一。保险公司的组织经济补偿职能、融通资金职能和盈利三者间的关系是相互促进的。保险公司以保险业务为手段聚积保险基金,把长期性资金运用于投资以增加盈利。反过来,盈利的冲动促使保险公司不断开拓新险种、扩大承保面、防险防损以减少赔付支出,从而求得聚积更多的资金实现其融通资金职能,支援国民经济建设。与此同步,保险公司的组织经济补偿职能也得到了更充分的发挥,保险品种增多,承保面扩大,危险更加分散,费率便可能降低。由此可见,金融型保险公司的两个基本职能之间以及保险公司经营的目的与盈利之间都不存在非此即彼的矛盾对立,而是水乳交融的关系。具体表现为保险业务之作为聚积资金的手段与组织经济补偿目的的统一。

2. 能够缓解保险费率与利润率之间的矛盾

财政型保险公司,其利润基本上来源于保险费,保险费率的高低影响保险公司的利润率和投保人负担,这就是怀疑保险公司是否应该有利润、能否称为企业,乃至不敢理直气壮提倡盈利的根子。当然,降低费率可通过扩大承保面、减少费用支出、防灾防损等途径。但是,保险公司必须考虑危险的偶然性对其利润的影响,所以不可能轻易降低费率。而费率不合理则影响投保积极性,产生各种替代。尤其是在商品市场竞争激烈的情况下,企业必然斤斤计较转嫁危险的成本问题,扩大不太安全的自保责任。这样便会给组织社会主义保险经济补偿制度造成障碍。同时,随着进一步改革开放,国外保险公司势力将会有形无形地跟随外资和商品进入我国保险市场,这是不可避免的,过高的费率将削弱我国保险公司的市场竞争能力。这些矛盾可通过金融型保险公司的经营方式得到解决。当然,我们现在还不可能,甚至无需以投资养保险,然而,投资利润会降低保险费率,达到使保户以最小的保险费支出获得尽可能大的经济保障的目的,这是保险公司宏观经济效益的主要体现,从而也会给保险公司带来新的活力。

3. 能够推动保险公司积极开发寿险业务

人寿保险期限一般为 5—20 年,可为保险公司提供长期性资金。但是,在保险公司自身没有运用自己资金能力的情况下,依靠银行存款利息,一方面保险公司没赚头,积极性不高,另一方面被保险人没甜头,投的劲头不大。如果保险公司本身能够自主地运用资金于投资,可以想见,它将会像银行开展储蓄那样争取业务,同时还可以从利率上提高保户利益。这样,寿险业务不仅对保险公司具有举足轻重的意义,而且对人民的生活福利、调节市场货币流通都将产生重大的影响。

第二章　保险商品论

保险商品论归根结底是关于保险分配关系商品化的理论,即在商品货币经济条件下,保险分配关系外化为商品交换关系的理论。

一、保险本质属性与商品属性辨析

保险非商品论者质疑保险商品论者道:"保险是商品,那么保险本质属性便是商品无疑。是不是这样呢? 回答当然是否定的。因为保险既然是商品,它的属性是商品,就等于商品的属性就是商品一样,是没有任何意义的。……"①我以为这种批评的逻辑方法是有失斟酌的。因为物的本质属性与该物的商品属性是两个不同的讨论范畴。比如矿泉水,作为矿泉水的物质,其本质属性(自然属性)在于它本身的物理化学性质及其效用,而不论其是否具有商品性,都是客观存在的。而用于交换的矿泉水则获得了商品属性(社会属性),因为这时的矿泉水是劳动产品,或者说是一种非劳动产品的资源商品,具有价值。但天然矿泉水不因其成了商品就改变了它的本质属性。同样的道理,保险的本质属性与它的商品属性是两个不同的范畴。我们在进行本章命题的讨论之前,分清这一对概念是绝对必要的,目的是界定讨论的范围。关于保险的本质属性问题,在第一章已经讨论。本章将讨论它的商品属

① 张杰:"对保险属性的理论考察与现实反思",《陕西保险》1989 年特刊。

性——非劳动产品的商品属性。

二、保险商品说评介①

1985 年,中国中青年保险研究会在武汉大学珞珈山召开了第一届学术讨论会。这次会议是响应党中央关于深化经济体制改革,探索中国保险经济发展新思路,加强保险教学科研基础理论建设而召开的一次颇具影响的学术研讨盛会。会上提出了两个代表性的观点:一是全金融型保险公司改革思路;一是保险商品性经营思路。武大张旭初教授提出"保险经营是一种商品经营"的全新命题②。这一观点可谓一石激起千层浪,引起保险理论界的广泛兴趣。争议至今,历数年而不衰,形成了商品派和非商品派之争,阵线已经分明。之所以如此,当然是基于理论与实践上的迫切需要。从理论上看,保险经济学与保险经营学都必须科学地阐明在商品货币经济条件下,保险经济现象的特殊表现形态;揭示支配保险经济活动的一般规律和特殊规律;说明保险经济与商品经济的内在关系和联系。从实践上看,承认保险具有商品性与否,涉及一国保险经济政策与制度的性质、保险经营管理方式以及对保险市场模式的选择,等等。所以,关于保险商品性的讨论,不能仅看作是一种纯学术争鸣,它对我国保险经济的发展模式、发展速度都将产生深刻的影响。

为了使我们的讨论更加明晰,本章根据第一章的逻辑体系③,把迄

---

① 本节主要分析保险商品说中的价值构成理论问题。

② 张旭初主编:《保险经营学》,武汉大学出版社 1986 年版。

③ 第一章的逻辑是把保险与保险公司的性质职能加以严格区别。如果没有这样的区别,也就失却保险商品性讨论的共同基础。国内书刊多有不加区别者,故而出现"斩不断,理还乱"的现象。

今已经出现的保险商品说分为两个分支：一是以保险公司职能为本位的保险商品说（以下简称"公司本位说"）；二是以保险职能为本位的保险商品说（以下简称"保险本位说"）。

（一）公司本位说

1. 理论特点

公司本位说认为"保险商品是劳务商品中的一种形态"①。"保险过程不是直接的物质生产过程，保险劳动不是直接生产物质产品的劳动；保险过程也不是物质产品的流通过程，因而保险劳动也不是直接经营物质产品的劳动，保险劳动是服务性的劳动，它不仅服务于人们的生活，更服务于社会生产，因而保险是一种服务形态的商品。"②可见，公司本位说的特点是保险劳务商品说或保险服务商品说（两者同一概念），即保险公司向保险市场提供的是一种劳务商品。显然，这种劳务商品实际上就是保险公司组织经济补偿职能的实现，组织经济补偿职能的商品化。所以，我们把这种观点称为公司本位保险商品说。

公司本位说是以马克思关于"服务就是商品"为立论依据的。马克思说过，"对于提供这些服务的生产者来说，服务就是商品"③，"服务本身有使用价值，由于它们的生产费用，也有交换价值"④。

2. 定义分析

公司本位说把保险商品定义为：保险商品是指商品经济条件下用来交换的满足人们对灾害事故保障需要的无形劳动产品，是使用价值和价值的有机统一体。保险作为商品，具备三大要素：（1）它能满足人

---

① 《保险经营学》。
② 刘茂山："论保险商品"，《保险研究》1989 年第 1 期。
③ 《马克思恩格斯全集》第 26 卷（Ⅰ），人民出版社 1972 年版，第 149 页。
④ 同上书，第 160 页。

们对灾害事故保障的需要;(2)它是一种独立无形的劳动产品,是用以交换的经济保障劳务;(3)它通过被保险一方缴付保险费来换取保险方的补偿金额,即通过交换实现其价值①。

该定义隐含着一对不能自圆其说的矛盾,即既然被保险人以货币形态支付保险费换取保险人以货币形态的赔偿金,那么在这里又如何能把在货币形态上的赔偿金让渡解释为保险公司在无形劳动产品形态上的让渡呢?可见保险公司让渡的不可能是劳务商品(详析见本章第三节"保险供求对象辨析")。

3. 价值构成公式

(1)武大公式(暂名)

保险商品价值 $=C+V+M$②

C 表示为提供经济保障劳务所耗费的一切物化劳动,包括:设备耗费、补偿损失和准备金。

V 表示保险从业人员的活劳动。

M 表示保险公司经营盈利,包括:积累基金、税金和利润。

(2)南开公式(暂名)

保险商品价值 $=A+B+C+V+M$③

A 代表赔付或给付金。

B 代表总准备金。

C 代表保险过程所消耗的物质资料的价值。

V 代表保险职工工资。

M 代表利润。

南开公式"用保险费的形式来表示,则表现为净保险费+附加费的总和即等于全部毛保费所代表的价值量。其中 $A+B$ 相当于净保费的价值;$C+V+M$ 相当于附加保费的价值"④。

---

① 引自《保险大辞典》"保险经济学"部分;参阅张旭初主编《保险经营学》第一章。

② 《保险经营学》,第9页。

③ 刘茂山:"论保险商品",《保险研究》1989年第1期。

④ 同上。

（3）比较与说明

上述两个公式中,武大公式采用了马克思正统的价值构成公式来表示保险劳务商品的生产价格构成,看上去似乎无懈可击。问题在于 C 部分的"补偿损失"和"准备金"两部分,在公式中,并没有解释它们因何、如何成为保障劳务所耗费的物化劳动。从直观上理解,就财产而言,造成补偿损失的原因是危险的发生对物化劳动产生破坏性损耗,如何能解释成为保险公司所提供的保障性劳务的耗费呢? 此外,我们把这里的"准备金"概念理解为时间上分散危险部分的预提分担金,在这个意义上也不构成劳务消耗,而是积存起来的补偿基金。所以,武大公式中对 C 的这两部分解释似乎欠通。

南开公式实际上是对正统的马克思价值构成公式的具体运用。它的独到之处在于把净保费 $(A+B)$ 部分的价值量独立出来,按照概率论原理科学计算出来的净保费率,一般来说是一个相对稳定的量。因此,在南开公式中, $(A+B)$ 可被视为定量,而 $(C+V+M)$ 则被看作变量。在这里我们首先把南开的价值公式看作保险劳务商品的社会生产价格。如果是个别生产价格,那么, $(A+B)$ 显然也是一个变量。我们以为南开公式如果仅用于指导保险业的经营管理,其适用性更强。但是,必须指出,作为保险商品的价值构成公式,南开公式与武大公式一样,存在着未能解释的问题。南开公式认为:保险商品价值也是由生产保险商品所消耗的社会必要劳动决定的,生产保险商品的社会必要劳动量,决定保险商品的价值量。问题就在于:南开公式中的 $(A+B)$ 部分如何能由保险劳务或保险服务劳动"生产"出来,或者说如何转移到保险劳务商品中去呢? 它所消费的社会必要劳动又是如何决定的呢? 公式中似未加以明确。

4. 理论与困惑

商品的概念一般可概括为:

（1）必须具有两重性。①使用价值；②价值。

（2）必须服从价值规律。①商品价值由生产该商品的社会必要劳动量决定；②商品交换必须遵循等价交换原则。

（3）商品生产与经营必须具有社会效益，并能为经营者带来利润。

（4）商品交易一般要求有特定的场所，如商品市场、交易所等有形的与无形的市场。

保险如果具有商品性，似乎应该完全满足上述基本条件。但是，问题并不简单。

第一，关于保险是不是劳动产品问题。公司本位论者认为保险是"无形劳动产品"，从保险费率取得劳务价格形态上看，保险具有交换价值。从保险的职能（实际上公司本位论者在这里有把保险职能与保险公司职能混为一谈之嫌）上看具有使用价值。因此，保险是劳动产品。① 非商品论者则不以为然，他们从保险的性质来加以否定，认为保险是对经济损失补偿的平均分担。危险的存在和发生对生产过程和生活秩序构成威胁和造成破坏，保险补偿是为了及时恢复正常的生产过程和生活秩序，保险以危险的客观存在为前提，保险不可能是劳动产品。究竟谁是谁非呢？ 这是困惑之一。

第二，关于支配保险商品的规律问题。公司本位论者认为，生产保险商品的社会必要劳动量，决定保险商品的价值量。保险交换虽然存在交换的个别不等价，但就交易双方总体而言是等价的。因此，保险交换服从价值规律。但是，非商品论者认为，保险价格在纯费率部分是由危险损失概率所决定的，危险并非劳动产品，又如何能谈得上由社会必要劳动量决定。只有附加费率部分贯彻价值规律，但是次要的。究竟何者正确？ 这是困惑之二。

---

① 参阅《保险经营学》；刘茂山："论保险商品"，《保险研究》1989 年第 1 期。

第三,关于保险宏微观效益问题。凡是保险商品论者都比较注重利润问题,因为保险公司是企业,商业保险不能不要求利润,保险的社会效益与企业利润是矛盾的对立统一。非商品论者则认为,保险的商品性经营将导致保险公司追求利益最大化经营,这将损害保险的社会功能。保险公司能不能追求利润?[①]　这是困惑之三。

第四,关于保险市场交易对象问题。保险市场是整个商品市场的有机组成部分,这是不可否认的。市场以商品交换为条件,没有保险商品交换,也就无所谓保险市场。所以,在商品货币经济条件下,"保险经营是一种商品性经营"的论断无疑是正确的。但是,公司本位说的保险劳务商品理论又的确不能回答非商品论者提出的质疑(至少本人是这么认为的)。那么,保险市场上交换的对象是什么呢? 是危险,是货币,还是保险本身? 这是困惑之四。

(二) 保险本位说

1. 理论特点

保险本位说认为,保险本身就是一种纯粹独立的商品。保险之所以能成为买卖的对象,是因为它具有经济损失补偿职能或者说能够提供经济保障。"物的有用性使物成为使用价值。"[②]保险职能的有用性使保险成为使用价值,成为买卖对象,成为保险公司的经营对象,可见保险本位说的实质就是保险职能商品化,然而,保险本位说的提法极为罕见,不过在某些书刊尚可初见端倪。

2. 不肯定的保险本位说

中国人民保险公司专家魏润泉先生认为,保险公司提供的是无形

---

① 参阅本书第一章第五节。
② 《马克思恩格斯全集》第 23 卷,第 48 页。

商品——经济保障,其价格的具体体现就是保险费率。① 从这一表述,我们可以把保险公司经营对象理解为"经济保障"商品,实际上是保险商品的同义概念。但是,在同一篇文章中,魏润泉先生则又写道:"保险作为第三产业,它只向社会提供服务,它本身并不创造价值……价值规律在保险市场上只是部分起作用,它不决定保险商品价值。"如果我们把上下两段话联系起来,似乎又可以把该文的观点理解为:保险商品是一种提供经济保障的服务商品。因为保险公司除了向社会提供服务之外,并不提供别的。果真如此,则又回到"公司本位保险商品说"去了。不过,我们又发现,既然保险是服务商品,又因何不受价值规律支配呢? 尽管该文以供求规律解释保险商品的市场价格现象,然而价格只不过是价值的货币表现。因此,"不肯定的保险本位说"不能解释保险商品的价值决定问题,之所以如此,正是由于此说仍在保险本位与公司本位两者间游移。

3. 肯定的保险本位说

"肯定的保险本位说"认为保险是一种独立形态的商品。而把保险公司视同商业机构。这种看法我仅在日本园乾治教授的《保险总论》中见到。

园乾治教授写道:"从经营学的观点进行研究,保险事业就是提供保障经济安定的所谓无形商品的一种从批发到零售的服务性行业,保险本身就是一种纯粹独立的商品,保险费就是它的销售价格。而且保险费是由相当于商品的生产成本或购进原价的净保险费和充当经营费用的附加保险费这两部分构成的。"②同时还说:"在美国,通常把保险事业看作和商品销售的商业具有相同的性质。但在日本,把保险事业

---

① 魏润泉:"谈保险市场的内涵和机制作用",《保险理论与实践》1990 年第 5 期。
② 《保险总论》,第 88 页。

看作和商品销售的商业相同的看法尚未普及。"[①]

日本是世界保险五大国之一，1988 年保险费收入占世界保险费收入的比重为 24.3%[②]，在如此的保险大国里对保险的商品属性还"尚未普及"，那么，在我国刚刚拓展的保险时空里，对保险形态的诸多争议更是实属难免了。

（三）小结性评论

1. 命题检讨

从市场经济的思路出发，谁也不会怀疑"保险经营是一种商品经营"这一命题的正确性。然而，就商业经营观之，则有纯粹提供服务性劳务的行业，如旅行社、信息公司等。另有为商品流通提供服务的行业，如超级市场。那么，保险公司是属于前者，还是属于后者？它们形成了公司本位商品说与保险本位商品说的区别。平心而论，非商品派主要是对保险的商品性持有异议，而不是对保险公司提供劳务的商品性持有异议。他们认为保险是一种经济现象，是一个经济范畴，本身不是一种服务[③]。

2. 公司本位说的缺陷

公司本位说以公司组织保险经济补偿的社会生产价格来说明保险商品的零售价格，所建立的价值公式无疑是正确的。但是，由于价值公式中相当于南开公式中的 $(A+B)$ 部分的成本价格既不是公司职工的必要劳动部分，亦非公司提供劳务过程的物质消耗，所以，无论是武大公式或是南开公式都不能说明这部分成本价格的价值决定问题，因而是不完善的。之所以如此，我认为，其根本的缺陷还在于把保险公司的劳

---

① 《保险总论》，第 88 页。
② 《保险研究》1990 年第 5 期。
③ 张杰："对保险属性的理论考察与现实反思"，《陕西保险》1989 年特刊。

务概念与保险概念混为一谈。由模糊不清的概念推导出"保险商品是无形劳动产品"①。这一模糊不清而又令人费解的定义，难怪非商品论者质疑道："给保险与服务盲目画等号，也是欠妥的。若将具体的保险业务如展业、理赔等视为提供服务倒还可以说得过去，而将保险这样一个大范畴笼统地说成是一种服务，就显得勉强。"②就这一点说，非商品派对公司本位说的批评是不无道理的。

3. 保险本位说的意义

保险本位说的本质特征，是把保险本身认定为一种纯粹独立的商品，保险公司只不过是提供保险商品的超级市场，为保险商品的流通交换提供商业性服务。尽管园乾治教授在《保险总论》一书中并未对他的看法做理论上的深入分析（或者仅仅是与其他商品流通相提并论），然而，我们可以从他的思路中发现，他确实把保险与保险公司这两个范畴加以区别了（尽管他以前曾有过混淆），是在真正意义上把保险定义为商品了，也就是说保险在自己的职能上（即"提供经济安定保障"的职能上）商品化了。由此可见，保险本位说正是在严格界定保险与保险公司所具有的不同性质和职能的基础之上，来定义保险的商品属性的，相对于公司本位说无疑发生了质的飞跃。而因此，存在于公司本位说价值公式中所未能自圆其说的因素，都可以用马克思的价值理论加以分析了。

三、保险供求对象辨析

有了上一节分析的基础，我们就有可能进一步讨论保险供求对象

---

① 《保险大辞典》，第15页。
② 张杰："对保险属性的理论考察与现实反思"，《陕西保险》1989年特刊。

问题了。

根据《保险大辞典》的定义,保险供求对象被定义为"保险服务"①。我们知道,保险公司属第三产业,第三产业所提供的服务劳务,是一种无形劳务商品。保险公司之作为风险集散的中介,具有组织经济补偿的职能,从保险公司职能商品化看,它确实提供了劳务,这是我们的共识,然而,顾客所真正需要的并非保险公司所提供的劳务,而是以保险事件发生为条件的保险赔偿。在这里赔偿金的货币形式支付则非"劳务"所能概而论之。

马克思指出:"凡是货币直接同不生产资本的劳动即非生产劳动相交换的地方,这种劳动都是作为服务被购买的。服务这个名词,一般地说,不过是指这种劳动所提供的特殊使用价值,就象其他一切商品也提供自己的特殊使用价值一样;但是,这种劳动的特殊使用价值在这里取得了'服务'这个特殊名称,是因为劳动不是作为物,而是作为活动提供服务的。"②马克思在这段话中同时给"非生产劳动"和"服务"下了极为精辟的定义。保险公司提供组织经济补偿的活动方面,谓之"服务",比如开发险种、展业宣传、防险理赔、危险咨询等非物化劳动,是作为活劳动提供服务的。另一方面,保险公司在货币形式上的保险金支付,就不是上述活劳动所能概括的,因此不能列入服务(或劳务)商品范畴,而应被视为独立的货币支付形态。正如纯粹的商业劳动,它是一种非生产的服务性劳动,为商品流通和交换服务。商品独立于商业劳动,却又是商业劳动的对象。商业劳动的生产费用被转入商品销售价格并得到补偿。顾客到商店需求的是各种商品,商业服务仅仅作为顺利满足顾客需求的次要方面。同样的道理,保险供求的对象也只

---

① 《保险大辞典》,第16页。
② 《马克思恩格斯全集》第26卷(Ⅰ),第435页。

能是保险商品本身,而非不尽其详的所谓"保险服务"。

四、保险的商品属性

以保险公司为本位的保险商品说,一般都认为保险是保险公司提供的劳务商品。根据商品的概念,商品是用来交换,能满足人们某种需要的劳动产品。因此,顺理成章推导出保险是"无形劳动产品商品"的概念。与之相反,以保险为本位的保险商品说,则认为保险不是劳务商品,而是一种纯粹独立的非劳动产品商品。本文以下使用的"保险商品"概念,均以保险本位商品说界定。

(一)保险商品是非劳动产品

保险商品既非有形劳动产品,亦非无形劳动产品。理由如下:(1)保险以风险存在为条件,而不以劳动为条件;(2)保险是损失补偿的平均分摊,分配对象是国民收入中的一部分后备基金,属分配环节,而不属生产环节,在商品货币条件下,保险分配采取了商品形态;(3)保险补偿是对劳动成果的纯消费行为,而不是生产性消费。从上述保险本质特征中,我们无论如何也得不出保险是无形劳动产品的概念。

那么,非劳动产品的保险形态,为什么又能获得商品属性呢?这是我们必须回答的第一个关键问题。

马克思指出:"商品首先是一个外界的对象,一个靠自己的属性来满足人的某种需要的物。这种需要的性质如何,例如是由胃产生还是由幻想产生,是与问题无关的。"①资本主义社会是商品生产的最发达阶段,在那里,社会财富表现为"庞大的商品堆积",不仅劳动产品成为

①　《资本论》第二卷,人民出版社1975年版,第47页。

商品,而且连人的劳动力也成为商品。劳动力之所以成为商品,是因为劳动力的使用可以满足资本对剩余价值的追求。在资本和雇佣劳动的条件下,尽管劳动力成为商品,但我们无论如何不能就此认为劳动力是劳动产品。否则,就成了劳动生产劳动力,这显然是谬误。劳动力成为商品这种现象,说明了在商品货币经济条件下,商品概念的外延量已经扩大了,非劳动产品也可以用于交换而成为商品。又如在金融市场上流通的金融商品——股票和债券等,它们也不是劳动产品,只不过是存在于观念上的虚拟资本,但是,因为它们能够给持有者带来预期的收入,从而便成了商品。同样,保险不是劳动产品,但是,保险机制属性能够满足人们对转嫁风险的需要,因此,也就取得了商品属性。并且同其他商品一样,也具有价值和使用价值两重性。

(二) 保险商品的价值属性

保险商品的价值与任何其他商品的价值一样,要从质和量上来加以说明。

1. 质的规定性

商品的内在价值是人类同质的抽象劳动的凝结。保险商品的价值是物化于保险商品本身的劳动,即用来生产并物化于风险损失引起的保险补偿过程中所必须消耗的那部分生产资料和生活资料的劳动。保险商品的价值形成与一般商品不同。一般商品的价值形成,无论是有形商品,还是无形商品,都可划分为物化劳动和活劳动两个部分,物化劳动是旧价值向新价值体的转移,并以活劳动为前提。在保险商品的价值形成过程中并不存在活劳动部分(再一次说明了保险商品的非劳动产品性质),而且其物化劳动部分只是用于补偿危险损失,是危险"消费"的必需部分(即纯费率,或曰净费率)。所以,我们还可以把物化于保险本身的劳动,简单地理解为风险消费所必需的社会劳动,它形成保险商品的价值实体。

2. 量的规定性

保险商品不仅采取了价值的形式,而且还采取了一定的量的形式。

保险商品的价值量决定于保险金额平均损失率。在这里我们看到了,保险商品价值量的决定与一般商品不同。一般商品的价值量决定于生产该商品的社会平均必要劳动量,价值规律在这里起作用。而保险商品的价值量则决定于风险损失几率,即决定于风险损失几率所要求的生产资料或生活资料的价值量。所以,保险商品的价值量决定(指保费中的纯费率部分)不受价值规律支配,而是受危险或然律支配。

(三)保险商品的使用价值

保险商品的使用价值也必须从质和量两个方面来界定。

1. 质的规定性——提供经济保障

保险商品对于保险人来说是价值,对被保险人来说是使用价值。保险商品的使用价值仅仅表现为它能向被保险人提供经济保障,因此保险商品是一种保障性商品。它的使用价值表现为:(1)免除恐惧——观念上的消费;(2)补偿损失——实质上的消费。如图2-1①:

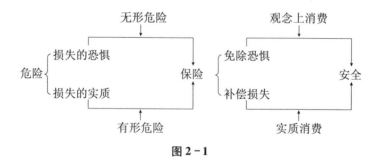

图2-1

---

① 桂裕编著:《保险法论》,三民书局版。

保险的实质消费,指保险事件发生后取得保险公司的赔偿。这好理解,容易为人们接受。至于观念上的消费,"想象的使用价值",似乎不易感受到(并非如此),甚至有"保险吃亏论"的观念,忽视生产和生活过程中所必须支付的风险成本。这就涉及所谓的"保险意识"问题。保险意识受一国的社会制度与居民的支付能力制约。同样是国人,如果说在国内我们保险意识淡薄的话,那么,一旦离开国门,第一个强烈感受到的便是保险消费问题,真可谓观念上的突变。保险在观念上的使用价值是客观存在的,而且是显而易见的。例如本人在美国的一年进修生活,月生活费400美元,最便宜的医疗健康保险月保费是30美元,对我来说是个不小的负担,我选择了不投保的"冒险"生涯。与此同时,我跟所有不买保单的留学人员一样,患上了可称为"疾病恐惧综合征",连剧烈的运动都不敢做,唯恐犯上了急性阑尾炎(手术一次医疗费用当在1万美元上下),患上急性肝炎没有10万美元过不去,日子过得并不轻松。我想,如果再待下去则非买保险不可。可见在美国这样的国度里保险意识是相当强烈的,保险在观念上的消费可说是无时不在的。然而,当回国的飞机一旦在上海虹口机场着陆,这种感觉顿时烟消云散,因为我又享受到国家公费医疗保障了,有了强烈的安全感。"在人生经验中恐惧或较危险更为苦楚。"此话一点不假。保险在观念上的消费可以消除人们对危险损失的恐惧心理,买到安全感。

2. 量的规定性——保险金额

保险商品的使用价值量以货币为衡量单位,具体表现为保险金额。保险金额是被保险人在约定保险事故或事件发生后履行赔付或给付的最高限额。保险金额是被保险人保险利益的货币表现。

（四）保险商品价值量与使用价值量辨析——等价交换原理

前面,我们已经对保险商品的价值量与使用价值量进行了分别界定。读者可能会认为问题已经清楚,再来一次辨析是多此一举,其实不然。在这里,我们是把保险商品价值量与使用价值量的辨析置于保险商品交换是否等价交换的问题中加以考察,以期在实践中彻底分清这两个概念的质和量的规定性,从而论证保险商品交换仍然要遵循等价交换的原则。

保险变换是不是等价交换?有说保险交换是不等价交换,因为有交保费却未有赔偿者。相反,得到赔偿的却超过所付保费的百倍、千倍以上;有说是等价交换,他们从保险的集约性交换上看认为是等价的,所谓"集约交换",即以保险人总体为一方,被保险人总体为另一方的双方交易;有说个别交换不等价,总体上是等价有偿的。后两者实际上是同义的,也是流行于书刊上的最一般最常见的说教。不如此又将如何来阐明保险合同的"等价有偿"性呢?不少商品派论者也正是在这里又一次露出了破绽,而未能把自己的保险商品理论贯彻到底。而非商品派也正是根据这种说教再一次否定保险交换的商品性。

本书的保险商品属性分析坚持认为,商品交换必须服从价值规律的要求,交换必须等价(撇开供求引起的价格波动),至少交换双方认为是等价的,无论是个别交换,还是总体交换,都不能违背等价原则。而以上三种看法实际上均混淆了保险商品的价值量与使用价值量这一对概念。分析如下:

保险商品价值量的货币表现是保险费(纯保费+附加保费),这没问题。问题在于保险商品的使用价值量也只能以货币表现,即保险金额。这样从现象形态上看是一定量的货币与不等量的货币交换,两者是不等的量,正是这一点,模糊了人们的视线。我们知道,保险费＝保险金额×保险费率。个别不等价说把个别保费与保险金额比较,与此相反,总体等价说则把总保费收入与个别或若干个保险金额赔付比较,可见两者都是把保险商品的价值量与使用价值量进行比较,因而在原理上都是欠通的。

保险费即保险商品价格,投保人支付这个价格取得保险保障。他们之所以愿意购买保单,是因为他们在比较风险处理财务机会成本上,认为这个保障值这个价,两相情愿,就是等价交换。

上述分析,说明分清保险商品价值量与使用价值量这对概念是相当重要的。现有书刊无不在这两者之间大谈所谓等价交换与否,即如在劳动力与劳动之间大谈等价交换一样,实为差之毫厘,谬以千里。请注意这对概念的区别,否则,我们就不能把握以后的研究内容。

五、保险经营资本运动形式

上一节,我们从保险职能商品化命题出发,研究了作为独立形态的保险商品之属性。但是,从逻辑过程看,我们还必须考察和说明保险经营资本运动的形式及其内容。否则,我们的研究仍然只能是个"半拉子"工程,甚至难脱"牵强附会"之干系。所以,本节之探讨是绝对必要的。

(一) 运动形式分析

以保险本位商品说,保险公司是从事保险商品买卖的企业,保险公司为卖保险商品而"买"保险商品。因此,它的资本运动形式必须遵从商品经营资本运动的形式:$G—W—G'$。马克思在《资本论》第三卷第四篇第十七章"商业利润"中把商人资本划分为三个部分：(1)投在商品买卖上的资本 B；(2)投在流通费用上的不变资本 k；(3)投在流通费用上的可变资本 b。因此，我们有保险商品经营资本运动形式：

$$G—W\begin{cases}B\\k—G'\\b\end{cases}\begin{cases}G\begin{cases}GB\\Gk\\Gb\end{cases}\\\Delta G\begin{cases}B·P'\\k·P'\\b·P'\end{cases}\end{cases}M$$

说明：G 代表保险经营投入的货币资本。

B 代表直接投在保险商品买卖上的资本，$G_B—B—G_B……$。

k 代表垫支在保险公司执行职能需要的不变资本部分，相当于 C。

b 代表垫支在保险公司执行职能需要的活劳动部分，相当于 V。

$G'=G+\triangle G$，代表资本增值。

P' 代表利润率，即各部分资本所要求的利润率。在这里相当于平均利润率。

$\triangle G=M$，代表保险公司利润。

（二）市场价格决定

根据保险经营资本运动形式，我们有保险商品的市场价格：$P=B+(C+V+M)$。B 相当于净费率（即保险商品进货单价），$(C+V+M)$ 相当于附加费率（即费用单价）。该价值公式与南开公式在形式上极为相似，因为除了 $(C+V+M)$，这里的 B 与南开公式中的 $(A+B)$ 似乎也具有同等意义。但只不过是形式上相似而已。

首先，在价值形成上看法不同。本公式中的 B，其价值由风险损失几率所耗费的社会必要劳动量决定，具有质上的确定性和量上的稳定性。而南开公式中的 $(A+B)$，其价值的形成是模糊不清的。该公式的设计者认为："保险商品的生产过程包括展业、承保、防灾和理赔四个环节。在这四个环节中，向保险人提供的既有此次生产过程所提供的服务，又有用作理赔的货币形态的商品。因而保险商品最后的完成形态表现为向被保险人赔偿的货币商品。"①接着他把保险商品分为两部分：(1)服务形态的商品；(2)货币形态的商品②。货币形态的商品用作理赔，所以相当于(A+B)部分。但是，用作理赔的货币只能是保险商品使用价值的实质消费部分(因为理赔是给付保险金额，而保险金额则是保险商品使用价值量的货币表现)，南开公式把这部分保险使用价值量纳入价值公式，似有南辕北辙之嫌。此外，南开公式没有把自己的"保险是一种服务形态的商品"贯彻到底。如果坚持到底，(A+B)应为保险公司的服务成本价格，但服务则要求必须是无形的，而货币给付则又是有形的。所以，凡是公司本位商品说，无不陷入上述两难境地。

其次，对费用性质的看法不同。本公式中的(C+V)是保险公司垫支在流通费用上的资本，既没有转化为生产资本(因为它们不生产剩余价值)，也没有转化为商品资本(因为保险人并不转售它们，而是使用它们。这一点与公司本位商品说毫无共通之处。因为公司本位说认为保险是无形劳动产品商品，保险人出售劳务或服务商品)，但是，垫支在流通费用上的资本会从保险商品的加价中得到补偿。而南开公式中的(C+V)则不然，它们被认为是生产资本，并且创造价值(相当于V+M部分)③，从出售的服务形态商品中得到补偿。

(三) G_B—B 的求证

理解保险经营资本运动过程的难点并不在于保险商品市场价格的形成问题，而在于 G_B—B—G_B。一般商品买卖，总是从 G_B—B 开始，

---

① 刘茂山："论保险商品"，《保险研究》1989 年第 1 期。
② 同上。
③ 同上。

B—G_B结束一个循环(这里舍去了 ΔG)。而保险人的买卖,似乎始终只有 B—G_B,不存在 G_B—B 阶段。也就是说只有不断地卖保单,而没有买的行为。赔付也是卖的结果。果真如此,那么,G_B—B—G_B 在保险经营方面就不能成立,从而保险作为独立形态的商品之立论便有问题,甚至不能成立。因此,我们必须着重说明保险商品经营资本运动的第一个阶段 G_B—B 过程。

设某类财产保险纯费率为 2‰,平均每件保额为 2 万元,保险费为 40 元。依条件给出该类财产每 500 件中全年损件数为 1 件。

再设在没有保险人介入的情况下,该类财产的损失补偿由合作保险组合承担。为达到上述要求,必须有 500 个行为人参加,每人年负担损失补偿费 40 元,总共保险财产为 1 000 万元,损失 2 万元。

现在,由保险人介入其中,即由保险资本来专门担负分摊职能。在同样的条件下(舍去其他费用),保险人必须先垫付资本 2 万元(这 2 万元在合作保险组合,由社员预付)。尽管这 2 万元资本并没有现实地支付出去,但它必须作为保证金存在,即作为使用价值 1 000 万元的保险商品的价值存在①。也就是在这个意义上,我们可以认为,此时保险人已经在观念上"购入"了 1 000 万元使用价值的保险商品,从而完成了保险经营资本运动的第一阶段 G_B—B 过程。保险人的第二步就是推销"库存"1 000 万元的使用价值——保险商品。如果完整地实现了前面所设定的条件保险资本也就顺利地完成了 G_B—B—G_B 的循环。如果只推销出去 80%,有两种情况发生。一是在 80% 的承保损失机会下,出险几率很大,一旦出险,当年保险人在投入的本金上则亏损 4 000 元。二是有 20% 不出险几率,运气刚好落在其中,那么保险人当年则

———————————

①　这种表述或许有人会感到荒唐。但是,如果我们联想到利息成为货币的价格,已经为人们所普遍接受。那么保险费作为保险金额的价格,也是极其自然的事。

净赚纯保险费达 16 000 元。正如马克思所指出的:"每当工业和商业的发展创造出新的交往形式,例如保险公司等等的时候,法便不得不承认它们是获得财产的新方式。"①

(四)G_B—B 求证的意义

以上对保险商品资本运动 G_B—B 的考察有如下意义:

1. 如实地(尽管有些抽象)描述了 G_B—B 所暗含着的经济过程和经济内容。从而令保险商品的独立形态在商品循环公式 G_B—B—G_B 中得以确立和最终论证。当然,这一最后论证,如果没有建立在对保险价值(即保险纯费率)与保险金额(即保险商品量,亦即保险商品使用价值量)进行严格区别的基础之上,是完全不可能的。

2. 从原理上论证了保险公司经营并非所谓的"无本生意"。这种误解仍产生于公众往往只看到保险公司的 B—G_B 阶段,也就是说只卖不买,赔付金也只是支付了从被保险人那里集中起来的保险费。当然,保险公司是风险集散的中介,保险经营所动员的赔付基金主要来自保费收入,这一点上,近似银行经营。但银行经营在正常的情况下蚀本的机会很少,主要是利率风险。保险公司则不同,遭遇到的风险超出其自身控制范围,即使在正常经营下也可能发生巨灾赔款,以致动用资本金(包括总准备金)。关于资本对保险经营的约束机制,我们将在"保险供给定量分析"章节中详加讨论。

3. G_B—B 阶段准确地表达了保险人的风险投资。B 是保险市场上由保险人设计开发出来的各种不同的保险商品。有人把保险公司的险种开发说成是"产品生产"。其实不然,风险是客观存在的,不能由人为的力量去生产创造。保险公司开发险种,只相当于超级市场的食品

① 《马克思恩格斯选集》第1卷,第71页。

部,根据不同顾客的不同需要加以"拼盘"零售。保险经营资本的 G_B—B 阶段与其他商品经营不同。G_B—B 是集中风险损失赔偿责任过程,相当于用本金批量购进。第二阶段的 B—G_B 是保险商品的零售过程,即分散危险。所以,保险经营资本运动的 G_B—B—G_B 形式,充分体现了保险经营的集散风险机制,即集中在先,分散在后。

六、保险商品交换的特点

(一)契约性

在商品的交换过程中,交换形式不是单一的。既有现货交易,也有期货交易;既有商品与货币的直接交换,也有各种契约票据等信用方式的交换。所有这些交换方式,都只是商品买卖的不同表现形式,并不改变商品交换的性质。保险经营资本的独立化,把保险分配关系直接地表现为,或者说具体化为保险人与被保险人之间相互对立的两极,从而被保险人之间的互助共济的分配关系便看不见了,所见到的只是保险人与被保险人之间的契约交换关系。在保险市场上以货币作为支付手段的保险契约买卖,是保险商品交换的唯一方式,或者说唯一手段。保险契约是保险商品的体化物。其买卖过程,俗称"买保单"和"卖保单"。

(二)期限性

一般商品交易(包括证券交易)都通行着"钱货两清"原则,或一手交钱一手交货,或先付钱后交货,或先交货后付钱,无论哪种形式,一旦成交,也就完成了商品销售的"惊险的跳跃",作为商品的旅途也就结束了。保险商品交易则不同。保单实现销售后,保险商品并未完成"惊险的跳跃"。因为被保险人购买保单后,一方面开始在观念上消费

保险的使用价值,表现为安全感;另一方面,他作为保险人的观念上的
"债权人"直至保单到期日自然终止。如果在保险单有效期内发生保
险事件,被保险人就实质性地实现消费保险商品的使用价值,即拥有了
向保险人索赔的请求权,成为现实的债权人。当保险人支付赔偿金后,
保险合同才履约终止。可见,无论保单的自然终止,还是履约终止,都
说明了保险商品交易不是转瞬即逝的,而是一个有期限的交易过程。
只有当着保单的自然终止,才能说明保险交易完成了"惊险的跳跃"。
否则,在保单有效期内出险,不说摔死保险人,也够让保险人"倒霉"
的。这正是保险人在出售保单后,重视防险防损工作原因之所在。

(三)条件性

一般商品交换有钱就能买,而保险商品有钱不一定就能买。保险
商品购买的条件性,要求购买者(投保人)必须对投保标的具有可保利
益,不具有可保利益的就不能购买保险商品,即不能取得保险利益。国
人往往把可保利益与保险利益混为一谈,从而把保险利益误以为是保
险合同成立的要件之一。因此,就有必要明确两者之间的区别①,以有
助于我们准确理解保险契约关系。

1.可保利益定义域

可保利益,指投保人或被保险人对其所要投保或已经投保的标的
因具有法律上认可的各种利害关系所享有的经济利益。这种经济利益
在财产方面表现为,因投保财产在遭受保险事故时会对投保人或被
保险人带来经济损失。在人身方面表现为,因人的生死伤残等保险
事件的发生会给投保人或被保险人的家庭生活带来经济损失或困
难。可保利益是构成保险法律关系的一个要件,是保险合同订立和

---

① 详析见林宝清:"可保利益与保险利益之法论",《厦门大学学报》1986 年第 3 期。

存继的物质要素。所以,可保利益也可理解为合法取得保险保障权利的物质要件。

可保利益的表现形态包括:

(1)财产利益,即财产权利益,包括所有权利益、占有权利益、质押权利益、抵押权利益、留置权利益、债权利益等。

(2)收益利益,即期得利益,包括盈利收入利益、票房收入利益、租金收入利益、运费收入利益、车船票收入利益等。但期得利益必须是财产利益的从属性的能够实现的合理利益。

(3)责任利益,包括民事赔偿责任利益、雇主责任利益、产品责任利益、营业责任利益等。

(4)费用利益,包括施救费用利益、救助费用利益、诉讼费用利益等。

(5)人际关系利益,如夫妻关系利益、父(母)子关系利益、雇佣关系利益等。

(6)人身利益,即对本人身体或生命的利益。

(7)承保责任利益,即保险人所承担的履约赔偿或给付责任利益。它们是建立再保险关系的要件。

从上述列举的可保利益形态上,我们可以明确,可保利益乃是投保人或被保险人在投保之前就已经客观存在着的既有利益和期得利益。它不因保险关系的建立而存在,也不因保险关系的中止而消失。所以,我们认为可保利益在保险契约关系设定之前是投保人要保的权利依据。在保险关系设定以后是保险合同存继的物质要素。

2.保险利益定义域

保险利益,指保险合同双方当事人所承认的、并在合同上约定的、为被保险人或投保人所享有的、在保险标的遭受保险事故损失后获得保险人保险赔偿的权益。保险利益是一种契约利益,它体现着投保人或被保险人与保险人之间的利害关系。保险利益的实现是保险赔偿，以保险事故或事件的发生为前提条件。保险金额是保险利益的货币表现，也就是说保险利益的外在表现形式是保险金额。

保险利益是保险合同的主要内容之一。它是规定保险合同双方当事人权利义务的主要依据。第一，它是投保人或被保险人或被保险人的受益人请求货币形式的保险赔偿或给付的权利。第二，它是保险人的义务，即保险人有义务在发生合同中规定的保险事故或事件时，向具有请求权资格的人（法人或自然人）提供货币形式的补偿或给付。第三，它是计算保险费的主要依据之一，规定着投保人或被保险人缴纳保费的义务和保险人收取保险费的权利。可见保险利益确实体现着保险人与投保人或被保险人之间的利害关系。

3. 可保利益与保险利益的关系

上述分析已经明确，可保利益表现为投保人或被保险人所享有的取得保险保障的权益，而保险利益则表现为已经受到保险保障的投保人或被保险人的契约利益。这是它们之间的区别。它们之间的关系可简单表述如下：

首先，可保利益是取得保险利益的前提条件和存继的物质要素。投保人或被保险人只有对保险标的拥有可保利益才能与保险人订立合同，取得保险利益。如果他们在保险合同有效期内失去对保险标的物的可保利益，比如由于财产所有权人的变更，保险合同失效，则他们也就同时失去了保险利益。

其次，可保利益是保险利益金额的最高额度，保险利益是保险赔偿或给付的最高额度。人身保险，由于标的是人的身体或生命，没有价值，可保利益不能用货币来衡量，故保险利益的价值额视投保人或被保险人的需要与付费能力而定。

最后，保险利益的部分或全部实现（赔付或给付），以保险事故或保险事件的发生对保险标的可保利益造成影响的程度大小而定。

总之,可保利益是构成保险利益的物质要素。它们是两个既有区别又有联系的不同概念。其区别在于它们所体现的法律关系的性质不同。可保利益体现的是投保人或被保险人与标的之间的经济利益关系,而保险利益体现投保人或被保险人与保险人之间的经济利益关系(契约上的权利与义务关系)。

(四) 保证和告知规定

其他商品交换一般均由供方详细介绍说明商品的性能、质量、用途和使用方法,并负产品质量保证和产品的民事赔偿责任(产品责任)。产品责任分为"严格责任"和"疏忽责任"两种。美国施行的是"严格责任"原则,根据该原则,消费者因使用某项产品造成损害,即使未能证明制造商有过失,制造商(或经销商)也要负赔偿责任,而且不能援用其在销售合同项下的负责规定来推脱对受害人的赔偿责任。而"疏忽责任"原则则要求受害人负举证之责,证明产品有缺陷而造成了对他人的伤害,而且要证明该产品的缺陷系制造或销售的疏忽所致。所谓"疏忽",即凡公众准则认为应当顾及而未顾及、应当谨慎而未谨慎、应当预见而未预见,或未能做到一个通情达理的人在同样环境中会做的事情。美国的产品责任赔案轻则几十万美元,重则达几百万、上千万美元。所以,美国的责任保险也就相当发达,1978 年保险费收入达 394 亿美元,占非寿险的 48%。以上是一般商品交换过程中的保证和忠实告知情况。保险商品交换与此不同,它是由投保人向保险人负保证和告知义务。这是因为保险标的自始至终都处于投保人或被保险人的掌握或控制之中。所以,如果投保人或被保险人不履行合同规定的保证和告知义务,保险合同视为违约中止,保险人不负赔偿责任。

七、支配保险商品交换的规律

保险商品交换是市场交易行为,保险商品市场价格(以下称保险价格或保险费率)形成的特殊性①,决定了保险市场不仅通行着一般商品交换规律,而且还具有其特殊规律。

(一)价值规律的支配作用及范围

价值规律是支配保险商品交换的基本经济规律之一。它调节保险部门总劳动量与社会总劳动量之间的比例关系及保险部门总劳动量在各险种之间的比例关系②,比如价值规律决定保险部门的经营资本必要量(参阅第五章第四节);要求保险商品交换必须遵循等价交换原则(见本章第四节);决定凝结在保险价格中的附加费率部分的社会必要劳动时间。这三条说明了价值规律对于保险商品价值形成方面的局限性。由于保险价格中的附加费率部分相当于商业经营的流通费用,价值规律要求保险企业改进经营技术,提高保险服务效率,降低附加费率成本。

(二)损失或然率的支配作用

保险价格中的净费率部分是价格形成的主体,它由保险金额的损失或然率所决定。损失或然率就整个保险市场而言,在一定的时空跨度内是相对稳定的,但就个别保险公司而言,可能发生上下波动。也就是说对于那些承保质量好、管理水平高的保险企业,它的保险金额损失

---

① 保险价格=净费率+附加费率。
② 《保险经营学》第二章第二节。

率可能要低一些,那么它在价格竞争中将处于优势。但无论如何,危险事故的发生是不以人的主观意志为转移的,这是一条自然规律。所以,损失或然率是支配保险交换的一条特殊规律。

（三）竞争规律的支配作用

竞争是商品生产和商品交换的一般规律。马克思指出:"社会分工则使独立的商品生产者互相对立,他们不承认任何别的权威,只承认竞争的权威,只承认他们互相利益的压力加在他们身上的强制。"①竞争对保险商品交换的作用主要有:

首先,竞争规律决定着保险商品交换的客观存在。马克思指出:"……虽然在资本家个人看来,好像他真正能够把全部利润当作收入来消费掉。但他会在这方面碰到限制,这些限制以保险基金和准备金的形式,以竞争规律等形式出现在他面前,并且在实践中向他证明,利润并不只是个人消费品的分配范畴。"②可见,竞争的强制迫使职能资本必须为其不变资本的风险转嫁支付保险费。

其次,竞争是实现价值规律的主要经济机制和手段③。马克思指出:"竞争首先在一个部门内实现的,是使商品的各种不同的个别价值形成一个相同的市场价值和市场价格。"④亦即"只有通过竞争的波动从而通过商品价格的波动,商品生产的价值规律才能得到贯彻,社会必要劳动时间决定商品价值这一点才成为现实"。⑤ 保险价格是保险商品价值的货币表现。注意,这里所指的保险商品价值已经包括净费率

---

① 《马克思恩格斯全集》第 23 卷,第 394 页。
② 《资本论》第三卷,人民出版社 1975 年版,第 997—998 页。
③ 参阅《保险经营学》。
④ 《资本论》第三卷,第 201 页。
⑤ 《马克思恩格斯全集》第 21 卷,人民出版社 1965 年版,第 215 页。

和附加费率两部分。净费率由风险损失或然率所消耗的社会必要劳动时间，即物化在构成风险损失的那部分生产资料或生活资料上的价值量所决定。竞争规律要求单个保险公司同时节约净费率和附加费率这两部分成本。从而实现物化在保险商品上的社会劳动量的节约。

（四）供求规律的支配作用

保险市场是保险供给和保险需求双方交换关系的总和，供求规律通过对保险供给和需求双方力量的调节来达到均衡，从而决定保险商品的市场均衡价格（保险费率）。由于供求规律的支配作用，保险价格背离价值已成为必然的经常的现象。现代保险，由于保险与金融相互渗透的不断深化，致使保险价格部分地取决于保险公司融资业务收益率，从而保险价格与资金市场利率发生联系，为吸收资金而竞争保险业务，保险供给（承保能力）大于需求，价格下降已经成为现今国际保险市场的供求特点①。

---

① 　参阅第一章第五节。

第三章　保险费支出的性质与来源

保险费是购买保险时支付的价格。保险的商品化经营使得保险分配以价格的形式参与国民收入的分配和再分配。在这里，也就是在金融型保险的范畴内部，保险分配关系被商品化了，从而，保险需求的机会成本（保险价格）就成为调节保险分配的内部与外部关系的决定因素之一，另一个决定因素是国民收入及其分配。因此，当我们进入保险供求关系分析之前，首先必须考察在国民经济中保险费支出的性质与来源。

一、国民收入分配体系中的保险分配

社会再生产过程所创造的社会总产品，其价值形态可表现为$C+V+M$。其中：C是原有生产资料价值的转移，V是劳动者个人消费部分，M是社会净增价值。$V+M$是社会的新增价值，构成了国民收入的价值形态。

根据马克思《哥达纲领批判》中的两个部分六项扣除的原理。保险费来源就有两项：

第一部分的第三项："用来应付不幸事故、自然灾害等的后备基金或保险基金。"[①]马克思指出："从'不折不扣的劳动所得'里扣除这些部分，在经济上是必要的，至于扣除多少，应当根据现有的物资和力量

---

① 《哥达纲领批判》，第11页。

来确定,部分地应当根据概率论来确定⋯⋯"①

第二部分的第三项:"为丧失劳动能力的人等等设立基金,总之,就是现在属于所谓官办济贫事业的部分。"②

马克思认为这两项必需的扣除当属社会净增价值部分。此外,还有个人分配的 V 部分保险费支出。我们按照经济生活中的行为主体支出保险费的具体途径,可划分为:

(一)公共部门保险费支出

1.公共部门保险费支出的来源

公共部门一般指政府机关、团体和事业单位,它们的经费来源是财政拨款,因此它们的保险费支出只能来源于社会净增价值的 M 部分。

2.公共部门保险费支出对象

(1)公共部门的财产保险及附加险支出。这部分支出应属马克思扣除原理中的第一部分的第三项,我国这部分财产保险可以说几乎等于零。比如一所大学,其办学经费已经捉襟见肘,保险消费对他们来说简直就是一种可望而不可即的奢侈品。目前,主要是财产险中的机动车辆及第三者责任险保险费支出。

(2)公共部门社会保险支出。马克思扣除原理中的第二部分第三项,可以认为是社会保障范畴。社会保险是社会保障之一。这部分保险费中的一部分由财政预算负担。

①公务员社会保险支出。公务员(在我国现指国家机关、事业单位的干部与职工)社会保险支出主要项目包括,退休养老、医疗保健、执行公务时的意外伤害、家属抚恤、丧葬费用,等等。总体上看,与企业

---

① 《哥达纲领批判》,第11页。

② 同上书,第12页。

单位的社会保险内容是一致的。在我国列入"劳动保险"范畴,采用现收现付制。

②社会保险统筹支出。目前,我国正在试点和扩大社会保险统筹制度。财政在这里扮演着"押后"的角色,一般做法是,财政实际上并没有真正预付这部分保费,只有当企业和个人(有的做法个人不交)所交保险费入不敷出时,由财政予以贴补。

日本园乾治教授认为:像"英国的养老金,全部金额都由国库支付。其经营所需资金,来自税收,许多受益者都不需要提供分担金,也就是说,许多经营单位之间不存在互助共济的关系。因此,这种养老金不能称为保险。此外,在一些国家里还推广实行公务人员养老抚恤金制度,只要不交纳保费,同样也不能叫作保险;即使交纳了保费,但保费不是根据概率论合理地计算出来的,也不能算作保险"①。以保险的质的规定性看,这种看法是对的,但完全按概率论则似乎太绝对了。如是,像我国现在实施的《城镇集体所有制企业、事业单位职工养老保险暂行条例》《国营企业实行劳动合同制暂行规定》和《国营企业职工待业保险暂行规定》三个文件规定保险费的筹集,采取以单位为主、个人负担一小部分、最后不足部分由国家补贴的三方合理负担原则。这些做法是符合社会保险之作为真正意义上的保险范畴,具有互助共济的性质。但是,像现行国营企业中的以企业为单位的养老金和医疗费用等现收现付办法以及机关事业单位由国库支付的办法,都不能称为"社会保险",而应称为"社会保障"。现社会保障与社会保险这两个概念在使用上似乎已经没有什么区别了。由于习惯,在西方国家一般称社会保障(Social Security),在我国则称社会保险(Social Insurance)。1951年2月26日,由政务院公布实行《中华人民共和国劳动保险条

---

① 《保险总论》,第21—22页。

例》,自此,在我国社会保险习惯上叫作"劳动保险"。

3.公共部门保费支出的性质

公共部门的这部分保费支出的性质,应该被认为是国家财政支出的公共消费部分。不管社会制度的性质如何,这部分支出都具有"官办济贫"和满足共同需要的性质,对促进社会安定发挥着积极的作用。

(二)居民个人保险费支出

1.居民个人保险费支出的来源

如果严格按照马克思劳动价值论原理,这部分保险费支出的来源可分为两部分:一是物质生产部门的劳动者,他们的保险费支出来源于收入的 V 部分;一是非物质生产部门的劳动者或其他薪金收入者,他们的保险费支出则来源于国民收入的 M 部分,因为他们的薪金收入本身就是社会净增价值的一部分。

2.居民个人保险费支出对象

(1)个人财产险及附加险支出。我国居民收入水平不高,对耐用消费品的拥有量很有限,价值也不高。比如城市的公房制度,那么在个人消费方面也就不存在房屋保险需求以及由于购买房屋的分期付款合同而产生的死亡保险从合同。在动产保险方面,由于盗贼偷窃对象多为不保对象等种种原因,居民多采用自我保护办法。至于民事赔偿责任险,除一小部分拥有机动车阶层外,一般都不会有此需求。所以,我国的家庭财产保险发展有限,1988 年,仅占全部财产险的 4.8% 上下①。

(2)居民个人人身保险支出。居民个人人身保险种类繁多,有简身险、年金保险、健康保险、意外伤害险、儿童保险、婚嫁保险、学生保险

---

① 数字来源于"保险业发展研究"课题组:《中国保险业的发展》,中国金融出版社 1990 年版。

等。人身险与社会保险不同,它们是根据居民个人的需要而选择的自愿保险。这部分保险受价格、险种设计、服务品质等因素影响很大。随着居民收入水平的提高,我国居民的人身险保费支出呈上升趋势,1991年,超过50亿元,约占我国保险费总收入177亿元的三分之一。

(3)居民个人社会保险支出。居民个人社会保险费支出,现在仅指以实施社会保险条例为对象的非全民所有制企业和事业单位的职工干部,占个人工资收入中的很小比例,比如5%①。随着我国社会保险制度的改革,实施对象范围将会扩大,居民个人社会保险费支出占国民收入的比重将会上升。

3. 居民个人保险费支出的性质

居民个人保险费支出因对象不同而性质各异。

(1)纯消费性支出,包括财产保险及其附加险、第三者责任险(民事赔偿责任)、意外伤害险、死亡保险等。

(2)储蓄性支出,也可认为是投资性支出(因为此类保险单可视为金融资产)。储蓄性险种均属此类。这类保险费支出受资金的市场利率、通货膨胀、机会成本与流动性偏好等影响,波动性较大。

(3)工资税性质的支出。居民个人社会保险支出部分,因是强制性保险,并按工资额比例征收,故带有税收的性质。其用于养老金部分的带有储蓄性(基金制),用于医疗方面则为消费性支出。

(三) 企业保险费支出

1. 企业保险费支出的来源

企业保险费支出来自社会净增价值 m 部分。由于企业是以收抵支的经济核算单位,保险费支出在成本中列支,由销售收入补偿,因此

---

① 参考"海南省医疗保险制度改革的现状和下一步打算",1989年12月8日内参。

对它的来源与性质问题的看法颇为相左,其中,尤以企业财产保险费支出的政见为甚(将在本章下节专门讨论)。

2. 企业保险费支出对象

(1)企业财产保险和责任保险支出。财产险包括固定资产和流动资产保险,以及与之相联系的预期利润保险等。责任险包括雇主责任、营业责任、产品责任等民事赔偿责任保险。这部分支出当属马克思扣除原理中的第一部分第三项,用来应付不幸事故和自然灾害等。尤其是财产保险费支出是为了维系社会简单再生产,在经济上是绝对必要的。

(2)企业社会保险支出。这部分支出是企业根据法律或条例要求,为本企业职工的医疗保健、退休养老等所必须交纳的费用,可归入马克思扣除原理中的第二部分第三项。

3. 企业保险费支出的性质

(1)纯消费支出。企业财产保险、责任保险、劳保医疗等保险费支出均为纯消费性支出。

(2)储蓄性支出。企业为职工养老金保险所支出的社会保险费属于储蓄性支出。这部分支出带有强制性、统筹兼顾性、保障性等特征,而且往往以工资总额作为计交标准。

二、 企业财产保险费支出的理论分析

马克思在他的《资本论》巨著中透彻地阐明了企业财产保险费(以下简称保险费)支出的三大基本原理,即保险费支出是生产上的非生产费用;保险费来源于剩余价值;保险费从商品价格中补偿和平均化。但是,马克思在《资本论》中并没有把保险形态当作重要范畴来考察,只是"点到"而已。因此,人们对马克思关于企业保险费支出的三大原理,在理解上颇不一致,有的甚至与之相悖。其中,最典型的可算是

"保险费转嫁说"(以下简称"转嫁说")①。"转嫁说"的基本观点可以概括为:(1)认为保险费支出追加商品价格(价值);(2)认为保险费视同折旧计入成本;(3)认为保险费通过商品价格转嫁给消费者。由此,"转嫁说"便给人们造成一种假象:似乎保险费支出不是对剩余价值的一种扣除;似乎资本家(或生产经营者)并没有承担风险损失的代价,而是最终由消费者承担(马克思认为"补偿风险的保险费,只是把资本家的损失平均分摊,或者说,更普遍地在整个资本家阶级中分摊"②);似乎商品的价值不完全由社会必要劳动时间决定,而可以另外附加,因此,社会财富的价值表现也会因保险的存在而增加,而不一定需要追加这部分劳动。可见"转嫁说"与马克思的原理并无共通之处。因此,保险经济学的任务有必要运用马克思所阐明的原理,正确分析企业财产保险费支出的性质、来源、补偿和平均化问题,还其真面目。

(一) 保险费支出不追加商品价值

保险费支出是一种不追加商品价值的非生产费用。它是企业生产与流通过程的纯消费性支出。所以,企业必然要斤斤计较其转嫁风险的机会成本。

马克思在《资本论》第二卷第六章"流通费用"一节中,当叙述到保管费用的社会性质时,写道:"因此,使商品变贵而不追加商品使用价值的费用,对社会来说,是生产上的非生产费用……既然把这些费用加到商品价格中去的这种加价,只是均衡地分配这些费用,所以这些费用的非生产性质不会因此而消失。例如,保险公司把单个资本家的损失

---

① 《社会主义保险学》;"保险概论",《电大学刊》1986 年授课提要。
② 《马克思恩格斯全集》第 26 卷(Ⅲ),人民出版社 1974 年版,第 393 页。

在资本家阶级中间分配。尽管如此,就社会总资本考察,这样平均化的损失仍然是损失。"①"转嫁说"正是从这里引证了保险费支出追加商品价值或价格的观点。笔者以为这是一种误解。理由是:首先,马克思在这里论述的整个中心仍是保管费用的性质。请看马克思的解释,他说:保管费用"可以产生于生产过程,这种生产过程只是在流通中继续进行,因此,它的生产性质只是被流通的形式掩盖起来了"②。因此,保管费用"对单个资本家来说,它们可以起创造价值的作用,成为他的商品出售价格的一种加价"③。只不过"从社会的观点看,它们又可以是单纯的费用,是活劳动或物化劳动的非生产耗费……"④。而保险费用显然不具有生产的属性,所以单个资本的保险费支出与新产品价值的形成根本无关,不可能追加商品的价值或价格。其次,马克思在这里只是借喻保险平均分摊危险损失的机制来说明保管费用也是一种平均化了的费用,他说:"这些费用⑤追加到商品价格中时,会按照各个资本家分担这些费用的比例进行分配。但是,一切追加价值的劳动也会追加剩余价值……"⑥马克思在这里说明了,凡是追加商品价值的费用支出也会追加剩余价值。如果保险费用会追加商品价值,岂不等于说保险费用也会追加(创造)剩余价值? 这种观点难以成立。再次,马克思只是在"例如"中说明保险费支出是一种非生产性支出的原理,即"这样平均化的损失仍然是损失"。既然是损失,就不可能追加商品价值。甚至属于生产费用范畴的损失,例如生产过程的废品损失等,都只会增

---

① 《资本论》第二卷,第154—155页。
② 同上。
③ 同上。
④ 同上。
⑤ "这些费用"是指保管费用。
⑥ 《资本论》第二卷,第154—155页。

加产品成本,减少利润(注意,不是减少剩余价值),而不增加产品价值。总之,从以上马克思的论述中,我们无论如何都不能得出企业保险费支出会追加商品价值的结论。而只能得出保险费支出是一种非生产性支出的原理。

　　那么,马克思是否论述了保险费支出是一种不追加商品价值的非生产费用呢? 回答是肯定的。那就是马克思在《资本论》第二卷第二篇第八章"固定资本的组成部分、补偿、修理和积累"一节中指出的:"对于由异常的自然现象,火灾、水灾等等引起的破坏所作的保险,和损耗的补偿及维修劳动完全不同。保险必须由剩余价值补偿,是剩余价值的一种扣除。"①马克思这段话的意义在哪里呢? 我们以为就在于把保险费与损耗的补偿和维修费用进行比较,从而说明保险费的性质。第一,固定资产损耗是生产费用,由折旧补偿。第二,固定资产的维持费用虽然与商品生产的直接过程无关,但是"投在这种劳动上的资本,属于流动资本中要弥补一般非生产费用的部分,这个部分要按年平均计算,分摊到价值产品中"②。可见,维修费用虽然是非生产费用,但会追加产品价值,并由流动资本补偿。第三,保险费用既不能从折旧中补偿,也不能从流动资本中补偿,而只能从剩余价值中补偿,这就说明了保险费支出并不能追加商品价值,而只能从所创造的价值中扣除。可能有人要问,在对外贸易中,保险费不是成为国际贸易价格的组成部分吗? 不错,但也不追加商品价值。因为,在国际贸易中的运输、包装、保管等费用是生产费用,那么,一切追加商品价值的劳动,同时也创造剩余价值,可见在国际贸易中保险费支出仍然是对剩余价值的扣除,并没有追加商品价值。至于包含在流通费用中的那部分保险费用,本来就是剩余价值的一部分扣除。

---

　　① 《资本论》第二卷,第 198 页。
　　② 同上书,第 189—194 页。

总之,企业保险费支出是一种不追加商品价值(或价格)的非生产费用。它的性质可概括如下:

第一,保险费支出,表现在它在单个资本循环中并没有被消耗掉,只是由保险公司聚积起来,形成对个别资本价值损失的赔付基金。这个特征与其他非生产费用不同。其他非生产费用不是在生产中,就是在流通中被消费掉。

第二,保险费支出并没有被转移到价值产品中去,即不追加商品价值。因为,"平均化的损失仍然是损失"。仅就这一点看,就像废品损失一样,只会增加成本而不增加商品价值。从这一点我们还可以进一步确立保险商品交换过程中的价值规律第一原则。

第三,保险费支出是资本家对其预付资本价值所做保障的代价。其目的是,一旦预付资本的使用价值遭到意外损失,便恢复其价值。而保管费用和固定资产的维修费用则是通过对使用价值的保存和维护来达到保护资本价值的目的。

第四,保险费支出是对生产资本的一种扣除。它既不执行生产剩余价值的机能,也不执行实现剩余价值的机能。纯粹流通费用虽然也是对生产资本的一种扣除,但是,它们执行实现剩余价值的机能。

(二) 保险费的源泉是剩余劳动

企业支出的财产保险费来源于工人的一部分剩余劳动。尽管保险费支出作为预付资本的一部分计入成本,但并不改变它的源泉。

马克思在论述建立保险基金的必要性时说:"这个不变资本在再生产过程中,从物质方面来看,总是处在各种会使它遭到损失的意外和危险中……因此,利润的一部分,即剩余价值的一部分……必须充当保险基金。……这种基金是收入中既不作为收入来消费也不一定用作积累基金的唯一部分。……甚至在资本主义生产方式消灭之后,也必须继续存在的唯一一部分。"①在资本主义生产方式下,保险基金是采用商业保险的方式建立的。即资本家为了防止资本价值遭受意外损失,用交保险费的办法把风险转嫁给保险资本家。保险资本家则担负着筹集保险基金,履行赔付义务的职能。保险资本家的利润来自对保险费的扣除。"从这个平均分摊的损失中,必须扣除保险公司利润,即扣除投在保险事业中并担负这种平均分摊职能的资本的利润。这些保险公司以和商业资本家或货币资本家同样的方式取得一部分剩余价值,而不直接参加剩余价值的生产。"②

马克思更进一步指出,建立保险基金的必要性是基于自然灾害和意外事故的客观强制性。他说:"……虽然在资本家个人看来,好像他真正能够把全部利润当作收入来消费掉。但他会在这方面碰到限制,这些限制以保险基金和准备金的形式,以竞争规律等形式出现在他面前,并且在实践中向他证明,利润并不只是个人消费品的分配范畴。"③这说明了竞争规律的强制,迫使资本家不得不把一部分利润转化为追加资本。而且灾害事故的"自然规律",也迫使资本家不得不把一部分利润用来建立保险基金。所以马克思说,保险基金是"收入中既不作为收入来消费,也不一定用作积累基金的唯一一部分"。在资本主义国家里,保险已经成为最普遍的现象,可以说任何一个商人都是无保险不经商,而经商则必保险。尤其在资本技术构成不断提高的条件下,任何一个资本家都经受不了灾损的一次性打击。今天,世界保险费收入的增长速度甚至高过同期国民生产总值的增长速度(见第四章)。

以上,马克思不仅清楚地指出保险费的源泉是工人的剩余劳动,而

---

① 《资本论》第三卷,第958页。
② 《马克思恩格斯全集》第26卷(Ⅲ),第393—394页。
③ 《资本论》第三卷,第997—998页。

且指出保险费支出的这部分预付资本是资本化了的剩余价值。他说："一部分剩余价值,作为总利润的一部分,必须形成一个生产保险基金。这个保险基金是由一部分剩余劳动创造出来的,就这一点说,剩余劳动直接生产资本,就是说,直接生产那种要用在再生产上的基金。"① 尽管保险费用作为预付资本的一部分计入生产成本,但是,"这个事实并不改变这个利润的源泉"②。也就是说,保险费即使在成本范畴内核算,但也仍旧是利润的一部分,是对剩余价值的扣除。

然而,"转嫁说"不是这样认识问题。正是因为保险费作为商品成本的一个要素,于是乎,在保险经济理论中就产生了一种叫作"保险折旧论"的观点。保险费"转嫁说"者中就有这种理论。他们认为:"保险费用的来源和财政收入来源一样,也是来自社会总产品的 C、V、M 三个部分。其中 C 是指生产性企业财产保险应交纳的保险费。这部分费用所代表的生产资料的实物形态,虽然没有消耗或磨损,但它是为一旦发生意外灾害而造成实物损失的及时补偿所做的准备,是维持正常生产所不可缺少的资金储备,因而将其视为与固定资产折旧费用一样,构成产品成本的一个组成部分。V 是指人身保险和家庭财产保险所交纳的保险费,是个人消费资金的一部分。M 是指非生产性单位财产保险所交纳的保险费。这些单位本身不创造价值,保险费只能来源于社会剩余产品。"③此说把生产性企业的财产保险费完全排除在剩余价值之外了。因此,"转嫁说"的"保险折旧论"观点是很值得商榷的。

首先,把保险费来源与财政收入来源相提并论本身就是一种偏颇。因为财政收入从 C 部分来的,是国营企业上缴的一部分折旧费(现在

---

① 《资本论》第二卷,第404—405 页。
② 同上。
③ 《社会主义保险学》,第30 页。

已越来越小),而保险费无论如何不可能来自 C。否则,在理论上就违背了马克思关于企业保险费来源于 M 的学说,亦与马克思扣除原理的第一部分第三项扣除原理相悖。在实践上,也就承认了生产性企业保险费支出是旧价值向新产品转移。从而,"在社会主义条件下,保险是社会再生产正常进行的必要条件,也是消费者不断取得正常收入的必要条件。企业的保险费由广大消费者承担,也是理所当然的"①,"转嫁说"观点也就成立了。然而,这又恰恰与马克思的原理相悖。马克思认为:"利润的一部分,即剩余价值的一部分……必须充当保险基金……甚至在资本主义生产方式消灭之后,也必须继续存在的唯一部分。"②既然保险基金是剩余价值的一部分,企业保险费是对利润的一种扣除,这就说明了风险损失是资本家付出的代价,损失由资本家承担,不可能转嫁给消费者。正如马克思所指出的,社会主义制度下企业保险费仍然是来自剩余产品(即社会净收入),那么社会主义企业的保险费支出仍然是对企业利润的一种扣除,也不可能转嫁给消费者,由消费者承担企业的风险损失。其道理已不言自明。可见,把社会主义保险费来源归结为 C、V、M 三部分是欠通的。

其次,把保险费支出视同折旧计入成本的"保险折旧论",也是不妥的。因为,保险费与折旧区别殊大:(1)费用的性质不同。保险费是不追加商品价值的非生产费用。折旧费是新产品中的旧价值,是企业生产性费用(指生产性企业)。(2)计算方法不同。保险费是按损失概率厘定。折旧费是根据固定资产的平均寿命计提。(3)补偿来源不同。保险费支出由剩余价值 M 补偿。折旧费由商品价值中的 C 补偿。(4)使用对象不同。保险费是用以对损失了的资本价值的补偿,带有

---

① 《社会主义保险学》,第35—36页。
② 《资本论》第三卷,第958页。

偶然性。折旧费则是用以对消耗掉的固定资本价值的补偿,具有确定性。(5)保险不仅包括固定资产,而且包括流动资产。而折旧则不含流动资产因素。由此可见,"保险折旧论"失之斟酌。因此,保险费视同折旧费一样计入成本,从而追加商品价值之说也是不能成立的。

(三) 保险费从商品价格中补偿和平均化原理

毋庸置疑,一切为商品生产和流通所支出的费用,都必须从商品价格中得到补偿,这是社会简单再生产的最起码要求。保险费支出也不能例外。但是,保险费支出是不追加商品价值的非生产费用,是一种平均化了的损失,是对剩余价值的一种扣除。既然如此,为什么还有一个补偿的问题? 又是如何平均化的呢? 这两个问题,是我们理解保险费范畴的两个难点。"转嫁说"正是因为不能理解这两个问题而差之毫厘,谬以千里的。

事实上,在商品货币经济条件下,保险基金不可能由国家或社会从剩余价值(或剩余产品)中统一扣除,而必须根据单个资本风险的大小,由资本家(企业)在再生产过程中垫支作为预付资本的一部分计入价值产品的成本价格,即所谓的"资本化了的剩余价值"。于是就产生了对保险费用的补偿问题。

马克思指出:"如果资本家按商品的生产价格出售他的商品,他就取回与他在生产上所耗费的资本的价值量相一致的货币,并且取得与他的只是作为社会总资本的一定部分的预付资本成比例的利润。"[①]

可见,保险费支出一旦作为预付资本的一部分计入价值产品的成本价格(这里的成本价格已不是马克思所假设的预付不变资本价值会被全部转移到价值产品中去的那种理论成本价格),也就必然要从商

---

① 《资本论》第三卷,第178页。

品销售价格中得到补偿。同时，还要带回与它（垫支在保险费支出上的资本）成比例的一部分利润（见下文分析）。就这一点来说，恐怕也是"转嫁说"所未能料及的。不过，正是因为保险费计入成本这一点，从现象形态上看，似乎追加了商品价值（或价格）。殊不知，在这里正是现象掩盖了本质。实际上，保险费在成本中核算只不过是实现了的总剩余价值中应扣除（或曰提取）的那部分保险基金对个别资本家垫支保险费的返还。形式为内容服务。形式是，保险费支出是资本的预付并在成本中核算；内容是，保险费支出是资本化了的剩余价值。整个支出与归流的过程应该是垫支在先，扣除和补偿在后。也就是说，总剩余价值实现后，要预先扣除这部分保险基金（撇开其他扣除因素不论，比如纯粹流通费用也是从总剩余价值中扣除和补偿的），而后才能作为现实利润在资本家之间分配。扣除的这部分保险基金按预付在保险费支出上的资本额之大小通过商品的成本价格补偿的形式返还给个别资本家。正如恩格斯对企业保险费支出所做的解释："防止'损失'的保险费确实是从剩余价值中提取的，但它算在利润之外……"①商品的生产价格＝成本价格＋利润，保险费算在利润之外，当然就应算在成本价格之中了。而且，风险损失因此达到平均化了。这是因为，单个资本不管其风险之大小，垫支保险费之多寡，都会从资本家阶级所共有的（未分配之前）剩余价值中得到补偿，而风险损失则表现为总资本（总公司）的损失，风险损失的补偿则由总资本（总公司）提留的保险基金中支出，并不完全直接表现为单个资本的损失，也就是说风险损失被平均化了。在保险商品性经营的条件下，这个总资本（总公司）的平均分配风险损失的职能就由保险资本家担任了。可见，保险费计入成本核算这个形式是绝对必要的。

---

① 《马克思恩格斯〈资本论〉书信集》，人民出版社 1976 年版，第 444 页。

但是,有些同志根据马克思恩格斯关于保险费是利润的一部分的有关论述,主张保险费应在利润中核算,而不应在成本中核算,担心滑到"转嫁说"的轨道上去。如果按此主张办,平均利润扣除保险费支出,那么不同资本家(或企业)之间由于风险不同所得到利润额就会因此而存在差别,也就是说风险并没有被平均化。在竞争和资本在部门间可以自由转移的条件下,这种情况事实上不存在,而且资本家(或企业)不可能将其垫付资本放在利润中去核算。我以为,马克思在提到保险费是总利润的一部分时,他的前提是:"一切新追加的劳动,只要它所创造的价值不归结为工资,就表现为利润,——利润在这里被理解为剩余价值的一般形式。"①而这些同志似乎并没有注意到马克思的这个抽象。

此外,在现有的阐述保险费从商品价格中得到补偿问题的有关论著中,作者往往引用了马克思的这段话:"一旦资本主义生产和与之相连的保险事业发展起来,风险对一切生产部门来说实际上都一样了(见柯贝特的著作);风险较大的部门要支付较高的保险费,但会从它们的商品价格中得到补偿。"②马克思在这里所提到的补偿问题,是否指保险费的补偿?看来不是,因为马克思在这里并非论述保险费的补偿问题,尽管提到风险平均化,但中心是论述等量资本取得等量利润问题。因为,马克思是在《资本论》第三卷第二篇第十二章"资本家的补偿理由"一节中说到上述那段话,而且在它的前面还有一段论述,他说:"在这个观念的基础上然后建立起资本家的计算。例如,有一个资本由于商品在生产过程中停留的时间较久,或者由于商品必须在很远的市场上出售,因而周转较慢,那末它总会把由此失去的利润捞回,因

---

① 《资本论》第三卷,第 959 页。
② 同上书,第 233—234 页。

此,它会用加价的办法来得到补偿。或者,那些要冒较大风险的投资,
例如航运业的投资,也会用加价的办法来得到补偿。"①只要我们把前
后联系起来,就不难领会,马克思在这里论述的中心意思是,个别资本
会因周转较慢或风险较大等因素而失去一部分利润,但是,在生产价格
和平均利润机制下,资本家会用加价的办法把失去的这部分利润捞回
去。"因为利润似乎只是根据这种或那种理由对商品成本价格实行加
价而产生的。"②这就是"资本家的计算"。所以,从根本上说,马克思的
论述是关于利润的分配问题。从补偿性质上看,不是指对保险费的补
偿,而是指捞回因风险较大需要支付较高保险费而失去的那部分利润,
此其一。其二,这个补偿的量也必大于多支出的保险费。假定保险费
多支出 10 个货币单位,如果指保险费的补偿,则只加价 10 个货币单
位。然而,按资本家的计算观念,他们总是把保险费计入预付资本,而
后再根据等量资本取得等量利润,在平均利润率为 20% 的情况下,那
么补偿加价应为 12 个货币单位。也就是说,如果是按保险费加价,多
支付 10 个货币单位保险费的资本家就要失去 2 个货币单位的平均利
润。这就违背了资本家的计算原则。正如上文所提到的,垫支在保险
费上的预付资本,还要按比例为资本家带回利润。其三,马克思在这里
只提到:"风险较大的部门要支付较高的保险费,但会从它们的商品价
格中得到补偿。"如果这句话可作为商品的保险费会从商品加价中补
偿的根据,那么,一般水平或风险较低部门,则只支付中等水平或较低
保险费,是否也是从商品加价中得到补偿呢? 无法说明。其四,商品虽
然不完全是按其价值出卖,而是按生产价格出卖的,但是,总生产价格
等于总价值。既然保险费是剩余价值的一部分,那么,它本来就是价值

---

① 《资本论》第三卷,第 233—234 页。
② 同上。

产品的价值构成部分(从单个资本来看,保险费不可能超出该资本所创造的剩余价值),已经包含在商品的生产价格之中。如果保险费是从商品加价中,而不是从剩余价值中得到补偿,无非等于说承认了商品会因保险而增值,总生产价格必大于总价值,这显然与马克思的劳动价值论背道而驰。

综上所述,我们认为,马克思关于保险费支出是生产上的非生产费用,保险费来源于剩余价值和保险费从商品价格中得到补偿和平均化的三大原理,是统一的整体。其中,保险费来源于剩余价值的原理是我们理解另外两个原理的钥匙。承认保险费来源于剩余价值,是对剩余价值的扣除,就必然承认保险费支出是一种不追加商品价值的非生产费用支出。只有承认保险费来源于剩余价值,同时也承认保险费支出不追加商品价值,才有可能最终理解保险费支出在商品生产阶段和平均利润机制下,如何实现补偿和达到平均化,资本家阶级(或企业之间)如何平均负担风险损失,才不会得出保险费最终都要转嫁给消费者,由消费者负担资本家(或企业)风险损失这样一个似是而非的概念。

中篇
供　求　论

第四章　保险需求与定量分析

保险需求是社会总需求的构成部分。保险需求的意义还在于它反映着一国保险后备实力之大小，并构成一国综合国力之一部分。

一、保险需求

（一）保险需求的含义

需求不仅仅意味着一部分顾客对某种特定商品的消费欲望，需求的有效性还取决于顾客的支付能力。保险商品的有效需求（以下简称保险需求）可以定义为：经济生活中的行为主体（单位或个人）在特定时期内愿意和有能力购买的保险商品量。

前面已经说明保险商品量的货币计量单位即保险金额。因此，保险需求就是投保人对保险金额的需要量，亦即对保险公司提供的经济保障的需要量。在第二章，对保险商品使用价值规定性的考察中，我们已经获得，保险需求包含两层意思：（1）获得经济损失补偿的需要；（2）获得安全的需要。前者是出发点和条件，后者是归宿点和动机。现实中，只要不是出于谋取保险赔偿金的动机，任何一个投保行为总是为了获得安全。这是因为保险赔偿总是一种净损失补偿，人们不可能从损失补偿中得到任何额外的利益。所以，获得保险补偿，在任何意义上都是被动的，不可能成为主动行为。即使养老金保险的需求亦如此,因为人类迄今还只能被动地去适应生命发展规律,不得不牺牲眼前的享受为将来人老体衰时的生存条件而积累货币。

(二)影响保险需求的变量

一般认为,影响保险需求的变量可分为两组:(1)内生变量。内生变量由需求行为方程式决定,包括价格变量 p 和收入变量 y[①]。(2)外生变量。外生变量在需求行为方程之外,不由保险市场供求双方力量决定,它们是影响保险需求的外部环境或条件,主要有:财政金融政策、收入分配政策、社会保障制度、强制保险范围、通货膨胀、其他商品价格,等等。这些外生变量或者直接、间接地作用于内生变量,或者决定保险消费偏好,从而引起保险需求的变化(其作用过程将在以后各有关章节中分别加以讨论)。

二、保险需求的交叉弹性分析

(一)商品需求的交叉弹性

1.商品的互补和替代

我们知道,商品或劳务使用价值的互补或替代的互动现象总是存在的。

商品或劳务使用价值的互补,指两种具有不同使用价值的商品或劳务,由于它们在使用价值上存在着必然的联系,其中一种商品价格的变动会引起对另一种商价消费需求的变动。例如,电费的升降,一般会引起居民对电器产品需求的减增,尤其像空调机之类的现代化高耗电器,

---

① 需求行为方程式: $x_D = a_0 + a_1 p + a_2 y$。

对电费的反应特别敏感。商品的这种互补关系用曲线表示如图4-1：

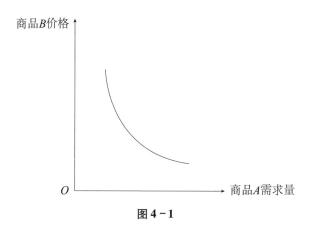

图4-1

商品或劳务使用价值的替代,指两种在使用价值上具有近似性质的商品或劳务,其中一种商品或劳务价格的变动,会引起对另一种商品或劳务消费需求的变动。例如:当进口彩电的价格提高到一定程度时,会增加国产彩电的需求量。这种替代关系用曲线表示如图4-2：

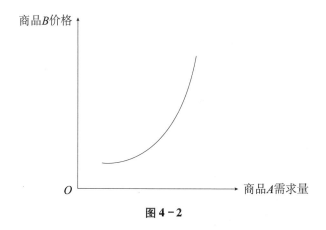

图4-2

2.需求交叉弹性定义

通过以上对商品或劳务使用价值的互补或替代关系的分析,我们已经明确他种商品价格与某种商品需求量之间的互动关系。这种互动关系的程度,就叫作需求的交叉弹性。其数值 η 由下列公式给出:

$$需求交叉弹性 \eta = \frac{商品\,A\,需求变动率}{商品\,B\,价格变动率} \qquad (4-1)$$

说明:当 $\eta>0$ 时,表示商品 A 与 B 之间为替代关系。

当 $\eta<0$ 时,表示商品 A 与 B 之间为互补关系。

由公式(4-1)得:

商品 A 需求变动率=商品 B 价格变动率×需求交叉弹性 η+随机变量 u ……　　　　　　　　　　　　　　　　(4-2)

u 表示消费偏好对商品 A 需求变动率的干扰因素。

公式(4-2)说明了研究和运用商品或劳务的需求交叉弹性,对于预测该商品或劳务需求的反应程度和方向,从而对于指导商品生产和营销具有实际意义。

(二) 保险需求的交叉弹性分析

商品的互补或替代关系,说明了不同商品市场之间的联结关系。商品市场是一个统一的整体,保险市场是商品市场中的一个子系统,保险商品与其他商品同样存在着互补或替代关系,由于保险需求交叉弹性的作用,保险需求就不仅仅受目前自身价格变动的影响,而且还要受其他商品价格变动的影响。

1.互补交叉分析

保险是风险财务处理的手段之一,在使用价值上看,它与其他商品并不存在必然的联系。所以,保险需求互补交叉弹性值大小取决于:(1)保险偏好;(2)强制保险;(3)经济强制。

当决定于保险偏好时,保险需求的交叉弹性值必小于零,说明保险互补交叉的现象是客观存在的。比如,当市场利率趋降对,固定资产投资呈现活跃,在比较风险机会成本的基础上,这时与工程建筑和安装等有关的险种需求随之上升。再如,附有产品质量保证保险以助销的高档或次高档电器,调低价格刺激需求,那么就会形成对产品质量保险的需求增加。

强制保险需求的互补交叉,对与之有关的商品劳务消费需求的价格变动反应比较敏感。比如当机动车或汽油柴油价格下调,刺激机动车需求,由于机动车第三者责任险是法定保险,不取决于保险需求偏好,因此必然同步增加对机动车第三者责任险的需求,反之则相反。当然除责任险之外,一般也将同步增加对车身险、人身意外伤害险的需求。

经济强制造成的保险商品需求的互补交叉,一般指保险合同作为其他经济合同的从合同。比如消费者为了取得购房分期付款合同,一般销售方要求购买者投保人身保险,以寿险保单作为分期付款购房合同的从合同,保证资金回收。再如,银行贷款要求借款人提供债务履约保证保险合同,以避免贷款风险。以上例子之所以被称为经济强制性互补,是因为某些保险需求基于主体为了实现某种经济行为而不得不为之,否则,它就不能达到预期要实现的某种经济行为。

2.替代交叉分析

保险需求交叉弹性的另一种现象是替代效应。保险商品使用价值的替代效应有比较复杂丰富的内容,它的作用基于两个要素:利益比较机制和竞争机制。利益比较机制包括:转嫁危险与其他风险处理的机会成本比较;保险商品(储蓄性)与其他金融商品的收益率比较。竞争机制包括:险种设计竞争、价格竞争以及服务质量竞争。竞争替代效应在保险组织之间展开,如果舍去保险需求与价格之间的消长变化因素,这种竞争替代虽然不会明显增加市场需求总量,但是对于保险市场的创新和服务质量的提高,以及对个别保险人竞争市场份额有着重大意义。

目前,我国保险市场供给主体基本上还处于一元化或二元化状况,竞争尚在萌芽状态,竞争替代效应相当微弱。所以,保险需求的替代交叉基本上还处于利益比较效应范围。

(1)其他金融商品替代。保险商品与其他金融商品之间的替代,主要是发生在具有"次级债券"性质的人身保险单上(储蓄性保险)。这类保险极易被各种类型的储蓄、证券投资等所替代。因为储蓄和政府债券投资同储蓄性保险一样安全可靠,同样可作为自我保障的一种手段,而且它们还具有保险单所不可比拟的流动性。如果储蓄寿险的收益率低于其他金融商品,尤其在通货膨胀的情况下,必然存在保险金额贬值现象,替代的可能性将成为现实。20世纪70年代,西方世界严重的通货膨胀,促使利率明显升高,形成了对传统的平准保费的终身寿险保单的竞争能力和盈利能力的挑战。在美国,保险单持有者发现在其他金融机构存款能取得10%—15%的利率,就纷纷以保单抵押的5—6%放款利率借取保单现金价值,再转入其他金融机构存款户。这样人寿保险公司也就丧失了把这些资金用于高收益率的投资机会。此外,保单所有人还纷纷退保①。

20世纪80年代中期,我国同样发生这种现象,由于通货膨胀,银行调高利率,对人身保险业务造成很大冲击②。以上海为例:

①发展速度滑坡。1985、1986、1987、1988年的增幅分别比上年增长155%、130%、84%、41%,1989年计划增长为23%。

②长期寿险增幅明显下降。原来长期人身险发展速度大大高于短期险,后来从持平到低于短期险。

③失效、退保现象增多。1988年,失效、退保份数分别为8.5万

---

①　许谨良:"通货膨胀对美国寿险业的挑战",《中国保险》1990年第3期。

②　郑培明:"当前人身保险业务面临的困境及其对策",《保险研究》1990年第3期。

份和 4 万份,退保金额为 97 万元,分别比 1987 年增加 118%、122% 和 149%。

可以预见,随着我国金融市场的开放和发展,金融资产的多样化,以及我国民众对金融意识的提高和对货币时间价值观念的加强,我国金融商品的替代交叉效应,储蓄寿险与其他金融商品的替代交叉效应将越来越敏感。为了刺激储蓄寿险的需求,开发人身险资源,保险公司的唯一对策是将寿险保单金融资产化、"股票"化。国外,如英国,早在 20 世纪 60 年代证券市场繁荣时期,就设计和推销了近似股票的人寿险保单,即分红保险,以此防止资源流失。

(2)财政后备替代。财政后备是另一种处理风险的财务手段,其形式有核销冲账、税利减免、财政拨补和贷款重置(信贷资金财政化)等。其内容产生于国有(或公有)财产概念和产品经济概念。党的十一届三中全会以来,确立了以公有制为主体的社会主义有计划的商品经济制度,企业要逐步成为自主经营、自负盈亏、自我约束、自我发展、自担风险的经济实体,企业的财政预算约束开始逐步趋于硬化。但是,就企业静态风险的财政处理手段尚未建立一套有效的硬约束机制,往往形成对财政后备的倒逼机制。表现为:

首先,国有资产概念下的保险真空。我国经济体制改革现阶段基本上还是限于所有权和经营权分离的框架内展开,这种模式客观上存在着企业的所有者(国家代表全民占有)本身不是企业的经营者,在自愿保险制度下,国家不能指令企业必须投保。另一方面,企业经营者不是企业财产的所有者,对国有资产的保险意识淡化,从而容易形成保险真空。具体表现为大中型企业投保面低于 50%。而且续保难度大。这种现象说明了公有化程度愈高,保险倾向愈低,出现自然灾害或意外事故损失势必产生对财政后备的倒逼。1991 年,我国遭受百年未遇的洪涝灾害，"在这次灾害中，投保的财产仅占全国经济损失的很少部分。特别是一些大型企业没有投保……"①解决国有资产概念下的保险真空问题，现在应引起国家国有资产管理局等有关部门的重视，筹划出一套切实可行的风险财务处理办法和制度。新的制度和办法要做到既能发挥企业对风险财务处理的自主权和积极性，减轻风险转嫁成本，又能发挥主管部门对企业风险财务的监督作用。也就是说既不落强制保险的窠臼，又要尽量消除导致保险真空因素。

其次，经济效益低，投保有心无力。我国企业经济效益低的问题是很突出的。"七五"期间（1989年和1985年相比），全国重点企业，每百元资金实现利税由23.8元降至16.8元，每百元销售收入实现利润由11.8元降至6.3元②。1990年，情况继续恶化。预算内国营工业企业实现利税比上年下降18.5%，其中实现利润下降58%；平均每百元资金实现的利润，由上年的19.39元下降到13.76元；成本继续超支，亏损企业增加，亏损额上升③。据全国统计，1990年1至9月亏损企业亏损额比1989年同期增加1倍多，这些亏损大部分都是由银行贷款垫付。而一些企业虚盈实亏、成本不实等潜在性的亏损又大大超过账面上的亏空④。

在第三章，我们已经论证了企业财产保险费支出来源于 M 部分，但又必须在成本中核算，从出售商品价格中补偿，又不能追加商品价格转嫁给消费者的原理。那么，"效益上不去，不少企业处于保吃饭的困

---

① 《金融时报》1991年7月12日。
② 中华人民共和国国家统计局：《关于"七五"时期国民经济和社会发展的统计公报》。
③ 中华人民共和国国家统计局：《关于1990年国民经济和社会发展的统计公报》。
④ 《金融时报》1991年1月7日。

境"①,或者依靠银行贷款过日子,当然是不会形成对保险的有效需求的。在企业风险财务预算软约束的情况下,由财政后备替代保险势所难免。

再次,承包企业风险财务软约束。企业风险财务软约束除了上述国有资产概念下形成的保险真空外,还因为承包制企业在承包合同中往往忽视了保险费这项经营成本,此其一。其二,在承包合同中又往往没有明确一旦发生意外灾害事故致承包经营的财产遭受损失,承包经营者应负怎样的法律赔偿责任。这是企业的另一种包盈不包亏的现象形态。其三,承包合同往往是短期性合同,容易造成承包者的短期经济行为,以及由此而产生的对意外灾害事故存在侥幸心理。

总之,社会主义公有制企业保险意识淡化和风险财务预算约束软化,从而产生主动或被动的财政后备对保险需求的替代,其终极原因还是财产公有概念。这个概念也往往驾驭着上级主管部门和企业的短期经济行为,即首先考虑的是利润、效益,而非风险财务安排。这种现象与私有概念下"经商必保险,不保险不经商"的意识,形成强烈的反差。研究如何硬化国有资产危险财务预算,乃是国有资产管理局所必须认真对付的问题。

(3)自保替代。自保替代是在比较机会成本的基础上产生的一种危险财务处理手段。它决定于两个因素:危险财务处理自担成本和危险财务自担能力。比如高频度危险(往往是较低或低强度),企业有财务自担能力,但自担成本高,因而有较强的保险偏好。再如高强度危险,虽然转嫁成本高,但限于财务自担能力,而有较强的保险偏好。所以,精明的企业管理者,倾向于把高频度或高强度的风险向保险人转嫁,把低频度低强度的风险自我消化,从而产生自保替代。此外,一些

---

① "要为企业松绑放权放水养鱼",《金融时报》1991 年 7 月 2 日。

大型企业,如银行、铁路、邮电、石油等系统,它们财产额巨大,但分布地域广大,危险分散,除了特别巨大的单位危险(如海上石油平台),都具有较强的自保倾向。我们可以认为,这些企业在比较危险财务处理成本上,采取自保手段是符合经济核算制原则的。

以上分析,说明了自保替代与财政后备替代不同,财政后备替代使保险需求趋向于零,而自保替代具有交叉弹性。

此外,自保只能是单个企业法人本身危险处理财务。所谓"行业自保"在概念上是不成立的。现有国内书刊上出现的所谓"行业自保"实际上指的是行业内部不同法人之间的相互保险或合作保险。相互保险和合作保险虽然是非营利性保险组合,但是,它们的经营方式基本上通行着商业保险原理。从管理制度上看,企业自保属财务制度规范范畴;保险组合属保险业法规范畴。

(4)社会保障替代。一国实施社会保障的程度,直接影响到个人人寿保险、医疗保险,直至人身意外伤害险和第三者责任险的需求。根据国家劳动保险条例,我国全民所有制和集体所有制企业事业单位的职工、干部和退休人员,不仅他们本身的生老病死获得了最充分的社会保障,有些部门和系统还为他们的亲属提供不同程度的社会保障,所以,一般说来,上述人员就不存在诸如养老金保险、医疗保险或人身意外伤害险等的需求。英国号称世界上的福利国家之一,其平均退休金才占原工资的23%,法国和芬兰为18%①,所以,在这些国家,薪金收入者为了在退休后生活水平不致下降,一开始工作就得为自己购买个人年金保险。美国基本上不实行医疗保障制度,所以除法定年龄以上者,每个人都必须购买健康保险。而我国退休金约占工资的70%—

---

① 叶月明编著:《苏联东欧国家保险概论》,武汉大学出版社1990年版,第93页。

100％,而且包括公费医疗等(指享受劳保对象人员),因此,我国社会保障对人身保险的替代比重相当大。

三、保险需求的价格弹性分析

上一节,我们通过保险需求交叉弹性分析,把保险市场与其他商品市场联系起来考察,不仅对研究保险需求的变动及其趋势有意义,而且加深了对保险市场即商品市场之组成部分的认识。本节主要讨论保险需求与保险价格之间的关系,并且通过保险需求价格弹性的分析,考察价格变动与保险收入之间的关系。后者显然更具有现实意义。

(一) 一个疑问

关于商品需求的价格决定现象,简单说来就是价格上升抑制需求,价格下降刺激需求。所以,保险需求曲线是从左上方向右下方倾斜,保险需求的价格弹性系数为负值。这是经济学的基本常识。但是,很少有人问道,某一商品在任何价格水平上是否都具有相同的需求价格弹性值呢? 例如,某种商品价格开始下降时会带来相应的需求增长,那么,生产该产品的企业能否因之而自以为是地认为,进一步降低价格将会产生同样的结果呢? 所以,我们有必要进一步深入研究需求的价格弹性问题,以期全面认识和运用需求价格弹性原理。

(二) 需求价格弹性公式与分析

1. 需求价格弹性公式

根据商品需求对价格变动的反应程度,保险商品需求曲线可表示如图 4－3:

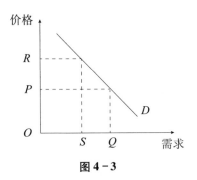

图 4-3

说明:D 为保险商品需求曲线。

依曲线 D,当价格从 P 上升至 R 时,需求从 Q 下降到 S。从而给出需求价格弹性公式:

$$E① = \frac{QS}{OQ} \div \frac{PR}{OP} = \frac{QS}{PR} \cdot \frac{OP}{OQ} \qquad (4-3)$$

说明:E 代表需求价格弹性值。

QS/OQ 代表需求变动率。

PR/OP 代表价格变动率。

2.需求曲线斜率讨论

（1）三种极端情况

第一种情况（见图 4-4）:完全缺乏弹性（E=0）

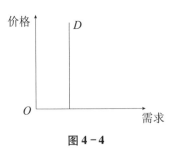

图 4-4

---

① 　以下当涉及弹性值的大小时,总是指其绝对值。因 QS≤0,OQ≥0,故 $\frac{QS}{OQ}$≤0。

完全缺乏弹性表明需求对价格反应呆滞。在保险市场有三种表现形式:①强制保险不具有价格弹性;②完全由财政后备替代,如政府机关和事业单位财产损失补偿;③社会保障已完全满足需求,如我国现行全民所有制劳动保险制度。

第二种情况(见图4-5):完全弹性($E=\infty$)

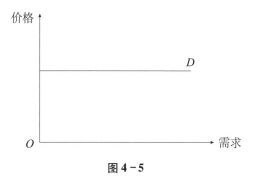

图 4-5

完全弹性表明价格对需求反应呆滞。这种现象主要发生在完全垄断型或寡头垄断型保险市场。尤其是完全垄断型市场,垄断价格一般比较稳定,不因需求变化而频繁调整。

第三种情况(见图4-6):单位弹性($E=1$)

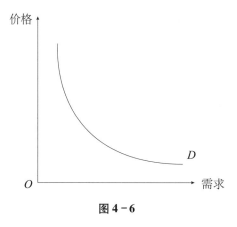

图 4-6

　　单位弹性现象表明了一种非常特殊的价格与需求之间的消长关系,其经济意义将在下一节讨论。

　　(2)需求曲线斜率与价格弹性的变动

　　以图4-3,设需求曲线 D 的斜率为 k,则有:

$$k = PR/QS$$

当需求曲线 D 为一条直线时,k 为常量。

　　又:PR/QS 是 QS/PR 的倒数,所以,我们可以把公式(4-1)改写成:

$$E = k^{-1} \cdot \frac{OP}{OQ} \tag{4-4}$$

　　说明:我们在推导公式(4-4)时,假设 k 为常量,故需求曲线是一条直线。实际上需求曲线不可能是一条直线,而是一条曲线,在这条曲线上各点的切线斜率是不同的,因而相应的需求价格弹性也各不相同。之所以有不同,是由于受非价格因素的随机变量影响。

　　从公式(4.4),我们有三种类型的弹性值:

　　①$|E| < 1$

　　当:　$|QS| < |PR|$,则:$|k|^{-1} < 1$

　　　　　$OP < OQ \cdot |k|(OQ \cdot |k| \neq 0)$

　　有:　$|E| < 1$

　　　　　$|E| < 1$,说明需求缺乏相对价格弹性。

　　②$|E| > 1$

　　当:　$|QS| > |PR|$,则:$|k|^{-1} > 1$

　　　　　$OP > OQ \cdot |k|(OQ \cdot |k| \neq 0)$

　　有:　$|E| > 1$

　　　　　$|E| > 1$,说明需求具有相对价格弹性。

　　③$|E| = 1$

　　当:　$|OS| = |OP|$,则:$|k|^{-1} = 1$

　　　　　$OP = OQ \cdot |k|$

有：　$|E| = 1$

$|E| = 1$，即单位价格的极端例子。

以上三种类型的需求价格弹性在需求曲线上的分布，说明需求一般表现为在高价格水平上比低价格水平上更具有弹性。这种现象可以从 OP/OQ 的值的比较上得以说明。当 k 为常数时，商品价格愈低（分子项 OP 愈小），需求量愈大（分母项 OQ 愈大），那么该商品的需求价格弹性 E 的绝对值趋小。从理论上认识这一点是非常重要的，有助于我们把需求价格弹性与销售收入联系起来分析，为产出决策提供科学的判断。

（三）价格弹性与保费收入的关系

研究保险需求的价格弹性问题，目的在于试图了解和掌握保险市场价格与保费收入之间的关系，进而预测保险经营边际成本＝边际收入条件下的均衡价格水平，为保险公司展业规模、方向和速度提供决策依据。本节的研究既可以为保险市场宏观经济提供预测和决策，也可以为单个保险公司微观经济提供预测和决策。此外，它还可以运用于各类险种的分类预测与决策，有很强的实用性。下面我们运用需求价格弹性的三种类型，分析价格变动与保险费收入变动之间的关系（见表4－1）。

表4－1　保险费收入变动与需求价格弹性的对应关系

需求价格弹性	保险费收入变动	
	价格下调	价格上调
缺乏相对弹性（$|E| < 1$）	下　降	上　升
单位弹性（$|E| = 1$）	不　变	不　变
存在相对弹性（$|E| > 1$）	上　升	下　降

上述三种关系类型有以下三组曲线图（分别见图4－7、图4－8、图4－9）：

$|E| < 1$

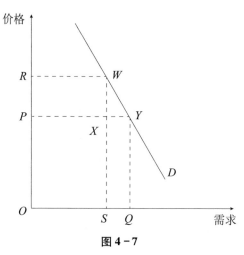

图 4 - 7

说明:当价格从 R 降到 P,保费收入 SXYQ<PRWX。表示降价促销对保险公司不利。反之,价格从 P 调高到 R,保费收入 PRXW>SXYQ,表示当|E|<1 时,提价反而对保险公司有利。

$|E| = 1$

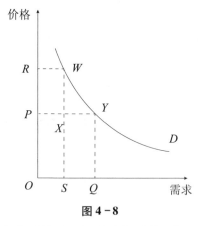

图 4 - 8

说明:当价格从 P 调到 R 或从 R 调到 P,保费收入保持不变,即 SXYQ=PRWX。在这种情况下,降价促销一般要提高经营成本,但可多争取市场份额;提价减销固然会节约成本,但会减少市场份额。保险人的决策是在成本与市场份额之间相机抉择,一般倾向于降价促销,但价格下调极为有限。

|E|>1

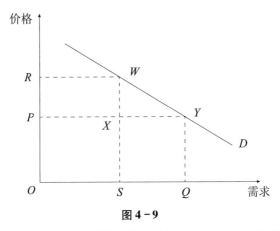

图 4 - 9

说明:当价格从 R 调低至 P,保费收入增长,因为 SXYQ>PRWX。反之,保费收入减少。所以,|E|>1 不仅反映了保险需求具有较强的价格弹性,需求对价格反应敏感,而且还表明市场对保险的有效需求潜力很大。

在以上分析的基础上,我们可以把保险需求价格弹性、保险需求与保费收入三者关系用一条曲线表示(见图 4 - 10):

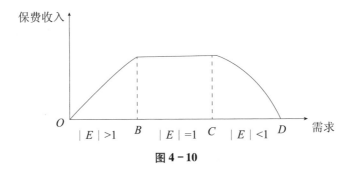

图 4 - 10

该曲线更清楚地表明:

在 OB 区间,|E|>1,具有相对价格弹性。当价格下降时,保费收入与需求同步增长。

在 BC 区间,|E|=1,为单位价格弹性。当价格下降时,需求上升,

但保费收入不变,增加经营风险。

在 CD 区间,|E|<1,缺乏相对价格弹性。当价格下降时,需求增长,而保险收入下降,加剧经营风险。

根据上述分析,我以为,我国现在的保险需求价格弹性的绝对值应落在|E|>1 区间,而且价格过高(赔付率为 40%—45%,有的险种只在20% 上下),所以有较高的价格弹性,即 E 的绝对值较大。这种现象说明保险商品被替代的成分很大。适当降低价格促销将增加保险费收入。

另一种情况是:从 20 世纪 50 年代起,西方发达国家的保险需求价格弹性就存在|E|<1 现象,即承保金额(市场实现的需求量)增长快于保费收入增长,结果直接业务(承保业务)成本上升,造成承保业务的长期亏损。不得不依靠投资来抵消承保损失并取得盈利。造成这种现象的原因是由于国际保险市场承保能力过剩,相互竞争激烈而大幅度降低费率,为现金周转业务而有意地承担承保损失。例如,美国"从 20 世纪 50 年代起,赔款准备金急剧上升大大超过保费收入。这就需要资产负债表上资产栏的投资来补进这部分准备金。1984 年底,美国非寿险保险人就进行超过 1 950 亿美元的投资。这笔巨大的生息资产与持续增长的利率加在一起,在 1979—1981 年期间达到创历史纪录水平,产生的投资收入,开始几年是稳步增长,自 1975 年以后就急剧上升。这种从投资所获得的高收入是以缓和自 1979 年以来不断上升的承保损失影响,因为投资收入的增长超过了承保损失的增长。但是,到 1984 年,又发现尽管投资收入不断大幅度增长,它已不再能充分地弥补更大的费用负担和损失。1984 年,投资收入从实收保险费的 14.8% 上升到 15.3%,而保险人的损失从实收保险费的 12.5% 上升到了 18.6%。市场遭受的总损失大约为全部保险费的 3.3%,相

当于 38 亿美元"①。

（四）价格弹性|E|<1 的意义

根据商品均衡价格原理,当商品供应的边际收入=边际成本时,供方就会停止继续增加商品供应,也就是说这时生产该商品的部门已经不再能够提供超额利润,从而资本停止向该部门转移,或从该部门抽走现有资本,投向新的具有超额利润的部门,因此,|E|<1 的现象在一般正常情况下是不大可能出现的。美国等西方国家,或者说国际保险市场出现的保险需求价格弹性绝对值小于 1 的特殊现象,仅仅从承保能力过剩的表象出发,是不能最终说明问题的。也就是说,不能回答既已过剩为什么又不抽走资本,相反,保险市场还具有继续吸收保险资本的能力。这种特殊现象,只能由保险与金融的相互渗透、互动发展倾向得以说明。因此,保险需求价格弹性|E|<1 的倾向,就有着丰富的内涵:

第一,保险业务与金融业务相互渗透、混合成长。保险的补偿性与保险基金的金融收益性推动,"促使保险业务既成为聚积资金的手段,又实现了组织经济补偿的目的"(见第一章第五节"金融型保险公司的优势")。

第二,保险市场开价已不仅取决于损失或然率,而且还取决于金融投资的收益率。这是保险商品市场价格可能低于其内在价值的主要原因,或者说根本因素(保险内在价值的决定,请参阅第二章第四节"保险的商品属性")。

第三,经济生活中,行为主体的风险财务的金融意识在商品货币经济条件下的强化。竞争替代不仅在保险人之间展开,而且在商业保险

---

① 西德慕尼黑再保险公司史根勒:"涉及保险的资金问题",《保险研究》1986 年增刊(4)。

与合作保险、相互保险和企业自保之间展开。后面三种形式的风险处理财务,不仅成本低,而且它们的基金同样可用于投资增值,从而进一步降低风险处理的财务成本。所以,$|E|<1$ 说明了保险需求替代竞争的必然倾向。

第四,保险经营的风险性加大。保险与金融相互渗透的结果,经营风险不单是决定于对损失或然率的预测,而且增加了投资风险因素和利率风险因素。因此,必然对保险业管理决策人员的素质提出更高的要求,同时还必然增加保险管理当局监督管理的难度。

四、保险需求定量分析

(一)收入决定保险需求

根据商品需求行为方程式($x_D = a_0 + a_1 p + a_2 y$),保险需求不仅对价格 p 的信号做出反应,而且取决于收入 y 的水平。如果我们把对价格的反应理解为保险偏好,即在危险处理财务的机会成本比较基础上对保险需求的影响效应,且在观察期内具有一定的相对稳定性,那么,在一定收入水平上对危险处理的财务需求却是一个客观存在的既定量。保险需求在这个既定的量中一般占有绝对份额,因此,随着收入水平的不断提高,保险需求额也在不断增长。这是因为:

第一,新的收入必须为社会已经拥有的财富(生产手段、劳动手段、居民耐用消费品等)支出保险费。

第二,新的收入用来扩大再生产的追加部分引起对保险新的需求,比如对新增固定资产和流动资产所做的保险,同时随着新的科学技术不断转化为现实的生产力,为保险开拓了新的发展领域。

第三,个人收入的新增部分:(1)根据储蓄加速原理,也会加速对储蓄寿险的需求。例如,20 世纪 60 年代至今,日本经济高速增长,同时币值稳定,在这一时期,日本的生命保险业也取得举世瞩目的成就,承保金额由 1960 年的 69 971 亿日元增至 1989 年的 14 038 131 亿日元,增长了 200 倍,超过国民收入 4.52 倍。(2)刺激高层次的消费需求。我们知道,当个人可支配的收入超过生存需要,就会产生对耐用消费品(诸如住宅、汽车、高档电器产品等)和高档劳务商品(如旅游服务)的需求,从而作为互补商品的保险消费需求也因此而增加。

第四,收入消费(生产消费与生活消费)的层次愈高对保险需求量愈大。例如空间技术开发中的商业卫星保险,资源开发中的核电站保险,航运业中的几十万吨油轮保险,还有高层建筑保险,等等,都是现代高科技高价值的险种。又如在我国由于收入低,消费处于低层次,因此,自行车、家用电器还是保险对象,而在工业发达国家,这些已不成保险对象,他们的耐用品保险已是住宅、家庭电脑、汽车,甚至扩展到小型飞机和游艇,以及与这些消费有关的第三者责任险。

第五,收入的扩张以生产发展为基础,生产发展必然引起流通、交换的扩大,从而必然带来货物运输保险、信用和保证保险需求的增长。

综上所述,收入发展水平是保险需求普遍实现的决定因素。而且收入(无论是货币收入还是真实收入)的变化,都将直接或间接地影响保险需求。即使在通货膨胀时期,虽然真实收入或许并没有得到实际提高,但以货币计量的收入提高了,行为主体为了得到同样程度的保障,对名义的保险需求也会同步增加。当然,对保险的真实需求最终只能决定于真实收入。

我国的保险发展情况也说明了收入与保险需求的正相关关系。1989 年,我国国民生产总值最高的五个省市也是保险费收入最多的五个省市,人均国民生产总值最高的五个省市也是人均保费最高的五个省市,见表 4-2 和表 4-3。

表4-2　GNP与保费收入的相关关系

省市	国民生产总值(亿元)	名次	保费收入(万元)	名次
广东	1 311.67	1	140 295.8	1
江苏	1 228.48	2	87 083.4	4
山东	1 200.71	3	96 225.9	3
四川	998.49	4	71 577.7	5
辽宁	922.10	5	119 931.4	2

资料来源:林增余"各省保险密度深度知多少",《中国保险》1991年第2期。

表4-3　人均GNP与人均保费的相关关系

省市	人均国民生产总值(元)	名次	人均保费(元)	名次
上海	5 458.76	1	51.61	1
北京	4 395.37	2	40.25	2
天津	3 310.05	3	32.09	3
辽宁	2 379.00	4	30.94	4
广东	2 163.76	5	23.29	5

资料来源:同表4-2。

　　同样,国民生产总值排名在最后五名的新疆、海南、青海、宁夏和西藏,保费收入亦居末五名;人均国民生产总值排名在最后五名的甘肃、江西、四川、云南、贵州(1 000元人民币以下)这些省的人均保费亦居第24名之后①。

　　以上统计比较表明,从我国实际情况看,在外部条件基本相近的情况下,保费收入与国民生产总值、人均保费收入与人均国民生产总值都具有高度的正相关关系,尤其是后者几乎是同步的(见表4-3)。

(二)保险需求收入弹性系数

1.几点必要说明

(1)以保险费收入表示保险需求总量为分子项。保险需求总量

---

　　① 参阅林增余:"各省保险密度深度知多少",《中国保险》1991年第2期。

（即保险总金额）是保险商品的使用价值量指标。其他商品类（如棉纺织品）由于花色品种不同，不可能有统一的使用价值计量单位。而保险商品的使用价值量以货币表现为保险金额，所以尽管花色品种不同，却可以有统一的计量单位。但是，保险金额不能表示一国在一定的国民收入水平上的保险有支付能力的需求，所以必须以保险商品的价值量指标即保险费收入来表示。假设保险价格相对稳定，或者说对保险需求影响比较微弱，那么保险费收入增减与保险需求总量增减成正比关系，保险费收入的规模和速度即反映着保险需求的规模和速度。

（2）以国民生产总值代替国民收入为分母项。理由是：第一，国民生产总值按一定比例扣除 C 部分，即为国民收入（$V+M$）。例如我国 1990 年国民收入占国民生产总值的 82.2%。第二，两者发展速度几乎同步。比如"七五"期间，我国国民生产总值平均增长 7.8%，国民收入平均增长 7.5%。又如 1990 年，前者比上年增长 5%，后者比上年增长 4.8%[①]。第三，用国民生产总值（GNP）作为国际比较，口径比较统一，尤其是瑞士再保险公司权威杂志《西格玛》在比较世界各国保险费收入水平时，就是用 GNP 为参照指标。第四，弹性系数公式右边的分母项本期 GNP／上期 GNP 的商值，非常接近于本期国民收入／上期国民收入的商值，例如上述第二项计算，$\dfrac{5}{7.8}\approx\dfrac{4.8}{7.5}$。

（3）本书保险需求收入弹性系数采用总量方法求值，而不是用增量求值方法。用总量方法[②]，可以令各国的保险需求收入弹性系数分布区间范围尽量收敛。举例说明如下：

例 1. 设：甲国保费收入增长为 8%，GNP 增长为 6%

---

① 以上数字参阅《关于 1990 年国民经济和社会发展的统计公报》以及《关于"七五"时期国民经济和社会发展的统计公报》。

② 说明：本书以下所用的增长百分比，均设定基期为 100%。

则,按增量:弹性 $E = 8/6 = 1.33$

按总量:弹性系数 $e = 108/106 = 1.02$

例 2. 设:乙国保险收入增长为 9%,GNP 增长为 7%

则,按增量:弹性 $E = 9/7 = 1.29$

按总量:弹性系数 $e = 109/107 = 1.02$

显然,按增量求弹性值甲>乙;按总量求弹性系数值则甲=乙。为了与增量弹性相区别,这里使用了"弹性系数"概念[①]。当然,本书这样处理的目的,完全基于本文对保险需求定量分析的客观需要。

2. 收入弹性系数定义

以上述说明所给定的条件,保险需求收入弹性系数可定义为:以上年保费收入和国民生产总值均为 100%,下年保费收入相应于国民生产总值每增加或减少一个百分点的反应程度。由定义,保险需求收入弹性反映着保费收入增长与国民生产总值增长之间的比例关系,有公式:

$$保险需求收入弹性系数 \ e = P^1/G^1 \qquad (4-5)$$

说明:P 代表保费收入,$P^1 = P_t/P_0$。

G 代表 GNP,$G^1 = G_t/G_0$。

P_0 和 G_0 为上一年数值。

P_t 和 G_t 为下一年数值。

(三)收入弹性系数大于 1 倾向的实证

1. 实证分析

(1)横比法。观察世界上 66 个国家 1986—1988 年保险费收入的变动情况,从中选取统计数据比较完整的 45 个国家,再运用保险需求

---

① 说明:本书在"弹性"后加上了"系数"两字,以示与上文所用"弹性"在概念上的区别,所以,"弹性系数"代号也就用"e"表示。

收入弹性系数公式进行运算和列表比较(见表4-4)。选择三年两个
跨度,目的是使系数值趋于相对均衡。

表4-4 保险需求收入弹性系数比较

国 别	弹性系数 (1986—1988)	人均GNP (美元)	国 别	弹性系数 (1986—1988)	人均GNP (美元)
西 班 牙	1.91	8 940.62	意 大 利	1.11	14 384.30
南 非	1.69	2 479.29	中 国	1.11	347.22
捷克斯洛 伐克	1.41	7 313.43	芬 兰	1.10	21 292.34
印 尼	1.37	464.29	智 利	1.09	1 713.64
澳大利亚	1.32	1 632.18	巴基斯坦	1.08	336.84
菲 律 宾	1.25	662.98	印 度	1.07	328.36
新 西 兰	1.22	11 978.21	比 利 时	1.05	15 266.82
埃 及	1.21	1 383.93	肯 尼 亚	1.03	343.87
爱 尔 兰	1.20	9 077.84	美 国	1.01	19 677.53
日 本	1.19	23 731.11	苏 联	1.00	3 714.29
法 国	1.19	16 729.39	英 国	1.00	14 647.27
荷 兰	1.19	15 290.85	挪 威	1.00	21 529.63
西 德	1.16	19 373.69	摩 洛 哥	0.99	923.08
以 色 列	1.16	8 964.40	阿 根 廷	0.99	1 881.68
希 腊	1.16	5 022.39	加 拿 大	0.98	19 332.69
土 耳 其	1.16	1 052.63	瑞 士	0.95	27 464.56
韩 国	1.16	4 365.96	匈 牙 利	0.92	2 537.57
泰 国	1.16	1 063.83	突 尼 斯	0.91	1 226.03
瑞 典	1.15	21 092.26	委内瑞拉	0.86	3 400.74
丹 麦	1.15	20 520.38	马来西亚	0.85	1 969.35
哥伦比亚	1.14	1 150.29	波 兰	0.81	1 556.60
新 加 坡	1.13	9 302.08	科 威 特	0.77	9 302.08
奥 地 利	1.11	16 400.00			

说明:1.表中收入弹性系数 $e^2 = \dfrac{P_{88}/P_{86}}{G_{88}/G_{86}}$。

2.表中人均GNP为1988年统计。

资料来源:"1986—1988年世界保险费统计",《西格玛》杂志。

（2）纵比法。从上述 45 国中选取 22 国（依手头资料），对它们前后 20 年保险需求收入弹性系数值进行列表对照比较（见表 4－5）。

表 4－5　22 国 1960 年代收入弹性系数对照

国　别	弹性系数		人均 GNP（美元）		国　别	弹性系数		人均 GNP（美元）	
	1960年代	1980年代	1969年	1988年		1960年代	1980年代	1969年	1988年
美　　国	1.00	1.01	3 814	19 677	法　　国	1.03	1.09	1 963	16 729
加 拿 大	0.97	0.99	2 646	19 332	日　　本	1.04	1.09	1 296	23 731
澳大利亚	1.03	1.15	2 496	27 464	芬　　兰	0.97	1.05	1 525	21 292
瑞　　典	1.02	1.07	1 944	16 302	奥 地 利	1.05	1.05	1 263	16 400
西　　德	1.05	1.08	2 115	19 373	爱 尔 兰	1.01	1.10	914	9 077
丹　　麦	1.03	1.07	2 118	20 528	以 色 列	1.05	1.08	1 301	8 964
荷　　兰	1.00	1.09	1 795	15 290	意 大 利	1.04	1.05	1 245	14 384
新 西 兰	1.05	1.11	1 484	11 978	南　　非	0.98	1.30	673	2 479
英　　国	1.02	1.00	1 518	14 647	西 班 牙	1.03	1.38	741	8 940
比 利 时	1.03	1.03	1 835	15 266	委内瑞拉	1.06	0.93	841	3 400
挪　　威	1.00	1.00	1 932	21 529	瑞　　士	1.02	0.98	2 490	27 464

说明：1. 1960 年代资料来源为 1971 年 3 月的《西格玛》。

2. 1960 年代弹性系数为 1965—1968 年均值。

3. 1980 年代弹性系数根据表 4－4 中 e 求得。

2. 信息与判断

表 4－4、表 4－5 的实证分析，提供给我们如下信息与判断：

第一，保险需求收入弹性系数确实存在着大于 1 的基本倾向。表 4－4 的 45 国中，年均（$\sqrt{e^2}$）小于 1 的有 8 个国家，占 18%[①]。其中只有科威特（0.88）在 0.9 以下。保险需求收入弹性系数大于 1 的倾向，可从上节收入水平决定保险需求的五点分析中得到解释。

第二，收入弹性系数是一个相对稳定的值，而且波动范围有限。表

---

① 摩洛哥、阿根廷均值达 0.99499，归入大于 1 的国家。

4-5 的 22 国前后相距 20 年的弹性系数值对照,表现出该值的波动一般局限在 0.1 左右的范围内,只有西班牙和南非特殊,超过 0.3。

第三,表4-4 以 GNP 水平为尺度收集了发达国家、中等发达国家和发展中国家的收入弹性系数值进行横比,表4-5 主要收集发达和中等发达国家的 GNP 和收入弹性系数值进行纵比。我们发现,无论纵比还是横比,都表现出 GNP 水平与保险需求收入弹性系数不存在相关关系。这种现象向我们显示:(1)尽管各国的经济制度不同,发展水平存有较大差距,以及保险市场结构各异,但是保险收入弹性系数都基本近似;(2)由于该弹性系数值相对稳定,所以研究保险需求收入弹性系数,如果能够确定其目标值,那么对于保险需求预测与决策做定量分析就具有宏观微观两方面的实际意义。

(四) GNP 对收入弹性系数无显著影响验证

1. 样本分析表

根据人均 GNP 的大小,分成八个水平,每一水平下的某一国保险需求收入弹性值视为该水平的一次观测值,见表4-6。

表 4-6　各国在不同 GNP 水平下的弹性系数

水　平	国　别	人均 GNP(美元)	弹性系数
I	挪　威	21 529.63	1.00
	芬　兰	21 292.34	1.10
	瑞　典	21 092.26	1.15
	丹　麦	20 528.38	1.15
II	美　国	19 627.53	1.01
	西　德	19 373.69	1.16
	加拿大	19 332.69	0.98
III	法　国	16 729.39	1.19
	奥地利	16 400.00	1.11
	澳大利亚	16 302.18	1.32

（续表）

水　平	国　别	人均GNP(美元)	弹性系数
Ⅳ	荷　兰	15 290.85	1.19
	比 利 时	15 266.82	1.00
	英　国	14 647.27	1.00
	意 大 利	14 384.30	1.11
Ⅴ	爱 尔 兰	9 077.84	1.20
	科 威 特	9 032.08	0.77
	新 加 坡	9 032.08	1.13
	以 色 列	8 964.40	1.16
Ⅵ	马来西亚	1 969.35	0.85
	阿 根 廷	1 881.68	0.99
	智　利	1 713.64	1.09
	波　兰	1 556.60	0.81
Ⅶ	突 尼 斯	1 226.03	0.91
	哥伦比亚	1 150.29	1.14
	泰　国	1 063.13	1.16
	土 耳 其	1 052.63	1.16
Ⅷ	中　国	347.22	1.11
	肯 尼 亚	343.87	1.03
	巴基斯坦	336.84	1.08
	印　度	328.36	1.07

说明:该表由表4-4取出30个样本编成。

2. 方差分析

（1）根据表4-6，做观测数据表4-7，并计算：

表4-7　观测数据基本统计结果

弹性系数观测值 x_{ij} 号　人均GNP水平	1	2	3	4	行和 T_i	$\overline{x_i}$
Ⅰ	1.00	1.10	1.15	1.15	4.40	1.10
Ⅱ	1.01	1.16	0.98		3.15	1.05
Ⅲ	1.19	1.11	1.32		3.62	1.20

（续表）

弹性系数值 xij 观测号 人均GNP水平	1	2	3	4	行和 Ti	$\overline{xi}$
Ⅳ	1.19	1.05	1.00	1.11	4.35	1.09
Ⅴ	1.20	0.77	1.13	1.16	4.26	1.07
Ⅵ	0.85	0.99	1.09	0.81	3.74	0.94
Ⅶ	0.91	1.14	1.16	1.16	4.37	1.09
Ⅷ	1.11	1.03	1.08	1.07	4.29	1.07

由表 4-7 得：

$$r=8, n=30, \overline{x}=1.07267, T=32.18$$

总平方和：

$$S_T = \sum_{i=1}^{r} \sum_{j=1}^{i} X_{ij}^2 - \frac{T^2}{n}$$

$$= 34.9478 - \frac{32.18^2}{30}$$

$$= 0.42939$$

组间平方和：

$$S_A = \sum_{i=1}^{r} \frac{T_i^2}{n_i} - \frac{T^2}{n}$$

$$= 0.13690$$

误差平方和：

$$S_E = S_T - S_A = 0.29249$$

（2）方差分析表（见表 4-8）

表 4-8　方差分析结果

方差来源	平方和	自由度	方差	F 值	临界值
组　　间	0.13690	7	0.01956		F 0.05(7,22)
余　　和	0.29249	22	0.01330	1.47	= 2.46
总　　和	0.42939	29	0.01481		

因为,$F = 1.47 < 2.46 = F\,0.05(7,22)$

所以,可以认为保险需求收入弹性系数不会因人均 GNP 的不同而有显著差异。命题得到数理论证,并与实证分析一致。既然该系数值与 GNP 不存在相关关系,而且是一个相当稳定的值(上述实证分析),那么我们就可以求出该系数值的区间范围。

(五) 收入弹性系数范围的确定

1. 正常值范围

从表 4-4 的分析,可以认为表 4-7 内所有弹性系数值均来自同一正态总体 $N(\mu, \sigma^2)$,其中:

$$均值\ \mu \approx x = 1.07$$

$$标准差\ \sigma \approx \sqrt{\frac{S_T}{30-1}} = 0.122$$

根据 3σ 原理,正常弹性系数范围应为:

$$1.073 - 3 \times 0.122 \sim 1.073 + 3 \times 0.122$$

即:$0.71 \sim 1.44$

表 4-4 内各国弹性系数值绝大多数落在此范围内,只有西班牙(1.91)和南非(1.69)超出此范围。

2. 目标值范围

(1)根据上述均值 μ 的点估计,可以选择 1.07 为目标值。

(2)为增加选择余地,可以对均值 μ 做如下的区间估计。

选取 $\alpha = 0.05$(即取置信度 $1 - \alpha = 95\%$)

表 4-7 中,$n = 30$,查自由度为 29 的 t 分布表:

得 $t\,0.05(29) = 2.042$

则置信区间为:

$$1.073 - \frac{0.122}{\sqrt{30}} \times 2.042 < \mu < 1.073 + \frac{0.122}{\sqrt{30}} \times 2.042$$

即:$1.03 < \mu < 1.12$

请注意:我们在做表4-4分析时,为了减少保险需求收入弹性系数的波动,所求得弹性系数值时间长度为1986年至1988年。因此,还必须将上述置信区间开平方,从而求得年弹性系数值。

即:$1.015 < e < 1.058$

    $e = 1.034$ 为均值

因此,可在1.015~1.058范围内选取一个适宜的弹性系数作为计划目标值。

(六)收入弹性系数范围的验证

在验证之前,我们还必须从概念上分清弹性系数的正常值范围和目标值范围。

所谓正常值范围,指保险发展速度与国民经济发展速度的比例关系落在这一范围之内的均为正常的发展速度。以上一节的求证,正常值范围在0.84~1.2之间①。我国1987、1988两年弹性系数值为1.05(即$\sqrt{1.11}$)②。1987年实际增长46%,1988年实际增长35%③,这么高的增长速度往往引起人们的误会,以为我国保险业务处于超常发展之中。其实不然,这两年我国GNP增长水平也很高,1987年为42%,1988年为26%④。1987、1988两年的弹性系数值实际上是落在正常值的均值(1.034)附近,而且非常靠近。所以,从收入弹性系数(1.05)看,乃是相当正常的。

所谓目标值范围,即根据国民经济发展计划和保险市场提供的数

---

① 该范围由$\sqrt{0.71}$ ~ $\sqrt{1.44}$求得。
② 按年实际计算,1987年为1.03,1988年为1.07,均落在正常值范围。
③ 资料来源:《西格玛》杂志。
④ 同上。

量信息和价格信息,在目标值范围内选择一个适度的弹性系数值来规定保险发展速度,有利于保险计划的实现和宏观调控。它为保险业发展的预测和决策提供定量依据,而且在目标值范围内计划的实现有95%概率保证。

如果说,上述我国1987、1988两年的弹性系数值正好落在正常值范围内,是因为我们在数理统计方法论证过程中所选择的样本带有随机性,那么,下面我们再以我国1990年保险业务发展实绩进行一次验证。

首先,从中国人民保险公司业务收入看,1990年比上年增长24.6%①,当年我国GNP增长5%,则:1990年弹性系数值为1.19(在正常值1.2之内)。如果加上其他几家保险公司的保费收入可能会达到1.2的正常值极限。由此可见,尽管发展速度表面上看起来不如1987、1988两年,但相对国民经济发展来说,保险业的经营成绩是相当令人满意的,是1987、1988两年所不能比的。这个例子还提示我们,保险需求收入弹性系数还是一个评价保险经营状况的指标。

其次,从财产险来看,其业务收入1990年比上年增长10%②,与GNP增长速度比较,财产险的收入弹性系数值为1.05,接近均值1.03。而国内全部保险业务收入比上年增长29.7%③,弹性系数值达1.235,超出正常值达0.035。此现象说明:(1)财产保险与GNP发展的比例关系比较稳定,在选择目标值的时候应该考虑在均值左右为宜;(2)1990年国内业务之所以会突破范围值的上限,主要是人身险业务发展较快,比上年增长30%,保险费收入占国内全部业务收入的1/3④。就一般

---

① 数字来源:《中国保险》1991年第2期。
② 同上。
③ 同上。
④ 资料来源:中国人民保险公司人身险处。

情形而论,人身险的波动程度会大一些。这是因为,人身险对利率、税率、社会保障程度反应比较敏感,所以受一国的货币政策、财政政策、通货膨胀和社会保障制度影响较大。

以上实际验证再次说明了收入弹性系数正常值范围与目标值范围的实用价值,尤其是认识其目标值范围更具有深刻的意义:

首先,目标值范围(即置信区间)落在 1.015~1.058 区间,这就进一步证明了保险需求收入弹性系数值大于 1 的倾向。马克思曾经指出,理论只有当被数学所论证的时候,才成为科学。

其次,目标值在其置信区间的波动极限为 ±0.043,这表明保险发展与经济发展两者之间存在着相当稳定的关系或联系。马克思主义哲学思想认为,所谓规律即现象内部的本质的联系。这种联系决定现象的必然的合乎规律的发展。因此,我们可以认为保险需求收入弹性系数的确定有助于揭示保险发展的客观规律。

再次,目标值实现概率达 95%,因此,当国民经济发展计划(GNP)确定后,保险发展计划的笼子基本上也就决定了。可见,目标值可为保险的展业计划、融资计划、国家财政信贷计划等提供可靠的微观数据,从而有利于保险市场的计划调控和国家宏观经济调控。

最后,该目标值同样可以适用于各省地市保险业发展预测与规划。当然,对于开放型保险市场来说,由于各保险公司所占份额不同,该目标值只能作为保险公司的展业目标计划指标。

(七) 我国未来八年保费收入预测

我国原国民经济发展"八五"计划与 10 年规划,规定 GNP 增长速度为年均 6% 左右,至 2000 年实现 GNP 在 1990 年基础上翻一番。如果我们选择弹性系数目标值的中间值(1.034),那就可以算出保险费收入年增长率为 9.6%(109.6% = 106% × 1.034)。9.6% 的增长率

基本符合国家原"八五"计划和 10 年规划对第三产业平均增长率 9%
以上的要求。中国人民保险公司 1991 年保险业务总收入计划拟定为
190 亿元,比 1990 年增长 7.1%①。人保公司的这一增长率低于按目
标值计算结果的最低限(7.6%)。当然,人保公司计划不包括其他保
险机构的保费收入。但是,其他保险机构所占市场份额很有限,权数很
小。所以,可以认为人保公司这一计划有些偏于保守。执行结果是,
1991 年的实绩为国内外业务总收入 234 亿元人民币(含储金 88 亿
元),比上年增长 31.6%②。同期 GNP 增长率为 7%③。根据保险需求
收入弹性系数公式测算,1991 年弹性系数值达到 1.23。此值不仅超出
置信区间值上限(1.058),而且超出正常范围值上限(1.2)。可以认为
1991 年我国保险需求存在着超常发展因素。如果比较国内财产保险
增长率 19.9%(实际弹性系数为 1.12,在正常发展范围值内)④,我们
即可推知该超常发展因素来自人身保险,而且主要得益于当年逐步推
广的城镇集体职工养老金保险业务,所以是保险需求的制度因素造成
超常发展。我们从上述 88 亿元储金中也能得到说明。如果人保公司
得继续承办社会保险业务,或者说社会保险费继续体现在商业保险业
务收入总额中,那么,随着我国社会保险制度改革面的扩大和深化,估
计需要若干年才有可能消除这一超常因素,而趋于稳定。由此可见,与
GNP 发展不存在线性关系的制度因素对预测模型的干扰影响殊大。
因此,科学的办法是将社会保险这部分政策业务单独列项,单独考核。
把商业保险与社会保险这两种不同性质的保险分别核算不仅在技术上
是可行的,而且在经营管理上也是必须的。总之,只有当排除了社会保

---

① 资料来源:《中国保险》1991 年第 2 期。
② 资料来源:《中国保险》1992 年第 3 期,第 4 页。
③ 资料来源:国务院总理李鹏 1992 年 3 月 20 日政府工作报告。
④ 资料来源:《中国保险》1992 年第 3 期,第 4 页。

险这一在我国还处于改革过程的社会政策性的制度干扰因素,才能保
证本书基于商业性保险的保险需求收入弹性系数值区间的可信度与可
靠度。

再如,1992 年人保公司国内外业务总收入为 367.9 亿,其中:保费
收入 197.1 亿、储金为 170.8 亿[1]。以上年保费收入 146 亿为 100%,
那么 1992 年保费收入是上年的 135%,由于 1992 年 GNP 增长是上年
的 112%[2],所以,1992 年保险需求收入弹性系数值为 1.2,落在正常发
展范围值的极限上,不存在超常发展。

既然从 1991 年开始,已经把保费收入与储金分别设指标考核,而
且储金部分受制度性因素干扰很大,有较强的不可预测性,所以本书对
我国未来八年的保险收入预测也就不包括储金部分,这种处理方法应
该是合理的。

毫无疑问,保险需求收入弹性系数值置信区间仅仅为行为主体的
展业计划或规划提供了一个目标期望值,在具体执行过程中可能受各
种因素的干扰而难免发生正负偏差,偏差幅度落在弹性系数正常值范
围内(0.84~1.2),应该是可以接受的。当然,如果能超出 1.2 的上限,
当年的保险市场其旺盛势头是令人鼓舞的,对来年的目标值选择可以
略为偏离些。

前面我们已经阐明了在原 GNP 增长率规定为年均 6% 的前提
下,保费收入增长率为年均 9.6% 是合理的。现在,我国 GNP 增长率
已经根据党的十四大要求调整为年均 9%,据此,同样可以求出未来

---

① 数字由人保总公司提供。
② 资料来源:国家统计局公布的初步测算数字,见《金融时报》1992 年 12 月 31 日第
1 版。

八年我国保险费收入增长率为年均 12.7%（112.7% = 1.034×109%）。在这里，我们显然选择了保险需求收入弹性系数的均值（1.034）作为目标值，根据 3σ 原理其波动区间基本上就被限制在 1.015~1.058 的置信区间内。据此做我国未来八年保险发展增长速度预测，见表 4-9。

表 4-9　1993—2000 年我国保费收入增长目标值

年份	GNP 增长 1992 = 100	最小目标值		中间目标值		最大目标值	
		弹性系数	保费增长 1992 = 100	弹性系数	保费增长 1992 = 100	弹性系数	保费增长 1992 = 100
	1	2	3 = 1×2	4	5 = 1×4	6	7 = 1×6
1993	109.0	1.015	110.6	1.034	112.7	1.058	115.3
1994	118.8	1.030	122.4	1.070	127.1	1.120	133.1
1995	129.5	1.046	135.5	1.106	143.2	1.185	153.6
1996	141.2	1.061	149.8	1.144	161.5	1.253	176.9
1997	153.9	1.077	165.8	1.182	181.9	1.326	204.1
1998	167.7	1.093	183.3	1.223	205.1	1.403	235.3
1999	177.8	1.110	197.4	1.264	224.7	1.484	263.9
2000	193.8	1.127	218.4	1.307	253.3	1.570	304.3
年均	9%	1.015	10.6%	1.034	12.7%	1.058	15.3%

说明：表 4.9 计算公式为 $e^n = \dfrac{(1+p)^n}{(1+g)^n}$。

　　e——弹性系数值。

　　p——保险费收入增长率。

　　g——GNP 增长率。

　　表 4-10 是根据表 4-9 计算出来的 1993、1995 和 2000 年我国保险费收入、人均保费和保费占 GNP 比重。它描述了我国未来八年保险的基本概貌（读者自己可根据表 4-9 公式逐年计算出来）。

表4-10　1993、1995和2000年我国保险发展的基本估计

年份	GNP (亿元)	人口 (亿人)	最小目标值			中间目标值			最大目标值		
			保费 (亿元)	人均 (元)	占GNP (%)	保费 (亿元)	人均 (元)	占GNP (%)	保费 (亿元)	人均 (元)	占GNP (%)
1992	23 400	11.75	197.1	16.8	0.84	197.1	16.8	0.84	197.1	16.8	0.84
1993	25 506	11.91	218.0	18.3	0.86	222.1	18.7	0.87	227.3	19.1	0.89
1995	30 303	12.23	267.1	21.8	0.88	282.1	23.1	0.93	302.8	24.8	0.99
2000	46 626	13.03	430.5	33.0	0.92	499.3	38.3	1.07	599.8	46.0	1.27
年增	9%	0.16	10.6%			12.7%			15.3%		

说明:1.1992年GNP值是根据国家统计局公布的初步测算数字,见《金融时报》1992年12月31日第1版。

2.1992年保费收入总额为中国人民保险公司保费收入统计,不含储金。其他保险公司保险费收入未计入。

3.人口增长年均0.16亿元为估计值。

4.本表计算结果均以1992年人民币币计算。

对于表4-10的分析,我们有如下提示:

(1)从横向看,GNP不变,保险需求收入弹性系数值趋大,则保险费收入、人均保险费受保费占GNP比重同时也趋大。

(2)从纵向看,保险需求收入弹性系数值不变,GNP越大,则保费收入、人均保费及保费占GNP比重也就越大。由于保险需求收入弹性系数值具有相对稳定的特点(前面已论证),所以,一般说来经济的发展必然带来保费收入增加、人均保费额提高和保费占GNP比重上升的结果。这是一条规律。现在,我们在数量分析的基础上,又一次把对保险发展的感性认识提高到了理性认识。

(3)从目标值的选择上看,表4-10向我们显示了中间目标值的稳妥性。同时还论证了在未来八年,当GNP以年率9%递增时,作为第三产业的保险业以年率12.7%递增是合理的,科学的。人保总公司1993年保费收入计划定为224亿元人民币(不含储金)①,本表按均值预测为222亿元(不含储金),偏差仅2亿元。理论预测与实际计划相吻合。

(4)表4-10所提供的我国保险发展基本估计的量化模型预测,为我国保险市场经营资本必要量预测提供了计量依据[见第五章第四节(三)"未来八年我国保险经营资本必要量预测"]。

---

① 资料来源:人保总公司。

第五章　保险供给与均衡价格

一、保险供给

（一）保险供给的含义

本书之"保险本位商品说"认为：保险供给，谓在一定保险价格条件下，保险市场上各家保险公司愿意并且能够提供的保险商品数量（保险金额）之总和①。

保险供给与保险需求一样可有两种衡量办法：一是以货币为衡量单位的保险商品使用价值量，即保险金额。保险金额的作用是能够客观反映经济生活中受保险保障的程度；二是以货币为衡量单位的保险商品价值量，即保费收入总额。保费收入是从价值量方面来表现保险的供给量，它虽然能够总括地反映保险业的实力和社会对保险保障的有效需求实现的程度，但作为反映保险保障程度方面，则存有遗漏。一个假设性现象，比如保险金额保持不变，即保障程度不变情况下，有两种情况：一是价格下降，保费收入减少；一是价格上升，保费收入增加。

---

① "公司本位商品说"认为：保险供给指保险公司提供的保险服务量，见《保险大辞典》；艾孙麟等："保险业健康发展的必备条件"，《保险研究》1990 年增刊；《中国保险业的发展》。后两者对保险商品说持何观点在各该文章中未有见论。

经常性的具有普遍意义的是:保险金额与保险收入同向而不同比例增长。因存有这些遗漏,同时,还因为保险供给定量分析是研究保险组织提供保险金额的能力,而保险需求定量分析是研究顾客支付保险费用的能力,所以,我们在保险供给定量分析中,就不能像在保险需求定量分析中那样,以保费收入代替保险金额。

(二)保险供给的决定因素

1. 供给价格

保险商品同其他商品一样有供给行为方程式:$X_s = a_0 + a_1 p\,(a_1 > 0)$①。由于 $a_1 > 0$,保险商品供给曲线坐标是一条从左向右上方倾斜的曲线,所以保险商品供给量与价格呈正相关关系,即保险商品价格越高,保险人愿意提供的保险商品量越多,反之,则相反。该行为方程式中的内生变量只有一个,它的前提是:首先,在任何价格水平上供给都能满足在该价格水平上的需求;其次,价格下降到使边际收入 = 边际成本时,停止增加供应。关于第一个前提,供给要受保险公司承保能力限制。第二个前提,保险价格下降到临界点或以下受到保险公司融资收益水平影响。

2. 融资收益

融资收益指保险公司运用保险基金所取得的利润,为保险业务在边际收益<边际成本下的经营提供了条件。在这里我们把保险公司的承保业务和金融业务看成统一的整体,公司的经营目标是取得资本平均利润或以上。这种现象告诉我们,在保险公司平均利润的临界点以上,保险价格下降并不会造成保险供给的减少②。

---

① 公式中:X_s = 供应量,p = 价格,a_0 = 供给水平参数,a_1 = 价格变动影响参数。

② 此判断对少数个别险种可能不适用。

3. 承保能力

承保能力指保险公司向市场提供保险商品的能力。承保能力分为单个保险公司的承保能力与保险市场承保能力。单个保险公司的承保能力又分为综合承保能力与单位危险承保能力。保险市场承保能力大于各家保险公司承保能力的总和（见本章第四节"保险市场供给总量分析"）。承保能力是决定保险供给的最主要因素。当市场上承保能力过剩时，保险供大于求，价格下跌；反之，价格上升。

保险公司的承保能力相当于企业的生产能力。尽管承保能力之大小能够表示保险商品可供量之大小，但不能把两者等同起来，即如一定量的商品产品鞋不能作为衡量该厂的生产能力一样，因为可能存在开工不是问题。现在不少文章谈到保险供给时，直接用承保能力表示，似有不妥，因为：（1）保险商品供给有可能大于或小于承保能力所能提供的数量；（2）保险商品供给构成要素与承保能力构成要素不同。

承保能力要素包括：（1）保险经营资本（投入资本+公积金，下同）；（2）纯保费收入（决定保险经营财务的稳定程度）；（3）保险机构数量及其分布的合理程度（规模经营要求）；（4）保险从业人员的数量和质量（决定服务质量、险种设计和高科技险种开发）；（5）保险业的劳动效率（包括降低赔付率和费用率，提高投资收益率和保费增长率等）；（6）保险业的信誉程度（主要指赔款迅速合理）。上述要素中（1）（2）两项是决定承保能力大小的决定因素。

（三）保险需求创造保险供给原理

商品市场可分为一般商品市场与特殊商品市场。一般商品市场的需求表现为商品价值的实现并进入消费领域（包括生产消费和生活消费）。对需求对象而言，消费的本身都不创造该对象的供给。例如，机器制造业之需求对象是钢材，而供给对象是机械产品，不可能是钢材。

特殊商品市场可分为金融商品市场和保险商品市场等。金融商品市场需求表现为融资行为，既不创造价值和实现价值，也不消费使用价值。在金融商品市场中银行的借贷行为，却可以在银行体系中创造货币供给，即对货币的需求创造了货币的供给，亦即所谓的派生存款。保险市场也具有需求创造供给的能力。保险市场表现为损失补偿的需要，无论从保险基金的价值形态还是从与之相对应的物质形态上看，都是一种消费行为。保险企业是风险集散中介，本身既不创造价值也不消费使用价值，但是，它可以通过市场对保险商品的需求创造保险商品的供给。

保险需求创造保险供给这一特殊性是由保险的本质决定的。我们知道，保险机制是集万家之财，补一家之缺。保险需求价格中的纯费率部分形成保险赔付基金，这部分基金的实力越雄厚，保险人的赔偿能力越强，所能承受的保险金额也就越大。这个道理还可以从保险财务稳定系数 k 原理得到说明。单位危险承保限额 $= 2k^2 \times$ 净保费收入总额（本章第三节"保险供给定量分析"），可见，就单个保险公司来说，当它的 k 值不变时，净保费收入越大，它的承保限额也就越大。以此类推，保险市场的总供给等于各保险公司供给的总和，所以整个保险市场的总承保金额也就趋大。但是我们无论如何不应该从这个例子中得出保险经营是一种无本生意或一本万利的结论。因为，各保险公司的承保总额决定于各公司的经营资本额。

二、保险供给弹性特点

（一）商品供给弹性原理

马歇尔在分析商品的供给弹性时，认为供给量对价格变化的反应，不像商品需求价格弹性那样简单。一般说来,价格上升了,供给总量总是会增加的,反之,则相反。但是,商品供给量的增减还要受某些条件的约束:

首先,受该商品生产规模伸缩难易快慢的约束。越是技术密集型产业,其产品商品的供给弹性越小;反之,越是劳动密集型的产业,技术构成低的产业,其产品商品的供给弹性就越大。

其次,受商品储备及对价格预期的约束。比如在长期内商品储备变化不大的情况下,对价格预测比较乐观,供给弹性小;反之,供给弹性大。

再次,受边际生产费用的约束。受"收益递减规律"支配的产业,随着生产的扩大,边际生产费用将会递增,那么它们的供给弹性就小。反之,受"收益不变或递增规律"支配的产业,它们的供给弹性就大,在理论上甚至无限大。

(二)保险供给弹性特征

1. 大于1,并具有满足需求扩张的倾向

保险供给弹性的这一特征是非常明显的,它由下列因素所决定:

(1)保险业是低资本技术构成的第三产业。"保险商品的生产要素主要是房屋、交通工具、办公用具等,既易于购得,其用途又易于转变。因而,保险供给是很富于弹性的。"[①]

(2)保险业是劳动高密集型产业。保险单是保险商品的具体表现形式。保险供给量主要决定于保险单的推销。所以,保险单的推销员既是保险商品的"生产者",又是保险商品的零售商。这就决定了保险业是劳动密集型产业。比如像中国香港,这么一块弹丸之地

---

① 艾孙麟等:"保险业健康发展的必备条件",《保险研究》1990 年增刊。

就集中了各国保险公司近 300 家。再如美国,私人保险公司达 5900 家以上,提供就业机会达 200 万个左右,约占美国就业人口的 2% ,超过银行业、采矿业及机械制造等行业提供的就业人口①。1988 年美国保险业产值(保费收入)达 4 300 多亿美元,占美国国内生产总值的 8.9% ②。

(3)保险商品的投入与产出同步。保险商品是无形商品,它是一种产销合一的"产品",即投入与产出是同步的。与其他有形商品不同,保险商品不受储备多寡的约束,所以供给弹性很大。

(4)保险经营的大量标的原则。大量标的原则不仅使得保险经营符合损失概率的要求,保证经营的稳定性,而且根据保险需求创造保险供给原理,纯保险费收入是决定保险公司承保能力的主要因素之一。因此,在保险人可接受的价格条件下,保险人都要极力推动保险供给。

(5)吸收资金的需要。当代保险的趋势是保险与金融日益渗透,而且保险公司的融资收益日显重要。从而保险成为吸收资金的另一种手段。可以认为保险公司是受"收益不变或递增规律"支配的产业,所以供给弹性大。

由以上五个方面看来,保险商品无论是增加供给,抑或减少供给,其供给的价格弹性都是很大的。

2. 价格高低对供给弹性无显著影响

我们在分析保险需求的价格弹性时,指出当斜率为常数时,价格越高,需求的价格弹性越大。那么,价格高低是否对保险供给的价格弹性也存在相似的影响呢? 让我们做一个最简单的讨论。下图(图 5-1)是保险供给曲线:

---

① 李珍编著:《西方保险理论与实务》,武汉大学出版社 1990 年版,第 15—16 页。
② 《保险研究》1990 年第 5 期。

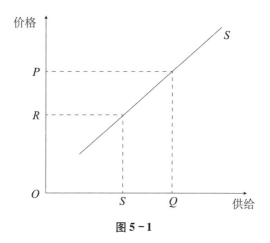

图 5-1

供给价格弹性 $E = \dfrac{PR}{QS} \cdot \dfrac{OQ}{OP}$ 　　　　　　(5-1)

设：斜率$\dfrac{PR}{QS}$为常数

则：价格 OP 愈大，供给量 OQ 亦愈大

由此可见，因为价格愈高，保险供给量愈大，反之则相反，所以，我们原来的命题——价格高低对供给弹性无显著影响——是正确的。

三、保险供给定量分析

保险经营的大数法则和时空分散原则，都要求保险市场上有足够大量的投保人。这是因为事故的偶然性是不可预测的，而事故的发生，其次数再多也不会超过存在的事实数量。也就是说，投保的标的越多，事故的偶然性就越接近于必然性，这样，保险经营也就越趋于稳定。为了经营上的稳定性，降低成本（包括不变成本和可变成本），增加承保盈利，保险公司无一例外地极力扩张其承保业务（即保险商品的销售额）。从现象上看，保险商品只要有人买，保险公司都可以毫无所费地无限制开出保单,然而,恰恰相反,在这里保险人往往要受到自身能力的限制。与买卖任何商品一样,保险人的产出要受到投入的限制,即承保能力的限制。

在第二章第五节"保险经营资本运动形式"的研究中,我们已经考察了保险商品购销活动的资本运动形式(G_B—B—G_B)。该运动形式表达了这样一个关系,即保险公司所能承保的保险金额 B 的规模,受该公司垫付在"进货"成本 G_B 上的资本额限制,本节的研究就在于试图分析 G_B 与 B 之间的数量关系,即定量分析,我们把保险供给的定量分析划分为单个保险公司定量分析与保险市场定量分析。

(一) 单个保险公司供应量决定

单个保险公司的保险资本量总是有限的,因此,它所能提供的保险商品量也应该是有限的。那么,在这里保险资本量将如何制约保险供给量呢? 以下,我们把单个保险公司分为危险单位承保限额决定与单个公司承保总额决定两个课题加以讨论。

1.危险单位承保限额决定

危险单位承保限额,指保险公司对每一危险单位所能承受,并作为赔偿损失的最高责任的数额。如果所承保的危险单位的保险金额超过这个数额的部分,则必须分保。故而,承保限额亦称自留限额。根据保险经营的危险分散原则,确定承保限额既是保险人约束自身保险责任,避免投机和赌博性经营,提高经济效益,稳定经营财务的重要措施,又是维护被保险人合法权益,增强对保险公司监督管理的必然要求。危险单位承保限额可分为法定承保限额,理论承保限额。根据理论承保限额,我们可以求出承保限额极限比率,以作为法定承保限额比率参考值。

(1)法定承保限额。法定承保限额是由国家保险管理当局以法规的形式规定每一危险单位保险公司所能承受的最高保险责任数额。一般都规定占保险经营资本的一定成数(5%—10%)。比如我国《保险企业管理暂行条例》(以下简称《条例》)第十九条规定:经营人身保险以外的各种保险业务的保险企业对每一危险单位的自负责任,除保险管理机关特别批准者外,不得超过实收资本加总准备金(或公积金)的总额10%。超过这个限额的部分,必须向中国人民保险公司办理再保险。按我国现行保险业实收资本规定,人身险以外的保险业实收资本必须达到3 000万元人民币(不计总准备金),则每个危险单位的保险供给量最高可达300万元。在这个限额内,如果出险,该公司所收保险费不足履约,则必须动用准备金。显然,这个规定是国家为了保证保险业务经营上的稳定性,不至于因一次巨额保险标的出险造成无力履约或因之破产,而伤及全体被保险人的利益。

(2)理论承保限额。理论承保限额是通过数理统计的办法,求出单个保险公司的危险单位承保限额,即单个保险公司愿意和可能向保险市场危险单位提供保险商品的数量。它体现了单个保险公司自我约束的程度,同时亦可为保险管理当局在既可保证保险人合法权益,又可保证被保险人合法权益的前提下,确定法定承保限额,提供客观的数量依据。

理论承保限额的计算基本上可分为三种情况:

第一种情况:保守型承保限额

确定单个保险公司净保费收入与承保限额之间的数量比例关系。这个比例关系将向我们表明,该保险人希望通过吸纳的净保费来满足赔付的需要,而尽量做到不伤及原有的经营资本(资本金+公积金)。从而保证每一个会计年度的保险业务财务稳定。因此我们称之为"保守型承保限额"。

保守的承保限额,可以利用保险财务稳定系数 k 的值为常量,求承保限额的数值。k 指标由净保费总额均方差对净保费总额之比来确定,测算公式如下①:

----

① 参阅〔苏〕ф. B. 康辛:《苏联国家保险》,中华书局1953年版。

$$k = \frac{\sigma}{P} = \frac{a\sqrt{nq(1-q)}}{anq} = \sqrt{\frac{1-q}{nq}} \qquad (5-2)$$

说明:P=净保费总额。

　　σ=净保费总额均方差(表示可能发生赔付的±一个偏差,越小越好)。

　　a=同类标的件均保险金额。

　　n=保险标的件数。

　　q=净费率。

公式(5-2)的经济意义:

第一,说明财务稳定系数k与标的的均保险金额a无关。

第二,当保险标的n数量相等时,净费率q的值越高,$\frac{1-q}{nq}$的值越小,经营越稳定。否则相反。

第三,当净费率确定时,k取决于保险标的件数,件数越多,k值越小,经营越稳定。但不能就此认为承保标的可以无限扩张(见本小节第二部分"2.单个公司承保总额决定"分析)。

第四,当k值确定时,由于各类保险的净费率不同,就需要有不同的标的件数。同样,可以根据各类保险的净费率和同分档次保额的标的件数,就可以计算出该类该档次保额的k值,以便检验各险种不同的财务稳定状况(即经营业绩)。

以后,还要经常运用上述原理。下面我们首先利用k值来确定保守的理论承保限额x值①。

设:某公司全部业务稳定系数为K_T

---

　　①　参阅〔苏〕ф.B.康辛《苏联国家保险》,公式中:$\sigma_T{}^2 = \sigma_1{}^2 + \sigma_2{}^2 + \cdots + \sigma_2{}^2 + x^2 q(1-q)$,$m^2 = \sigma_1{}^2 + \sigma_2{}^2 + \cdots + \sigma_2{}^2 = K_T P$。

　　q=承保标的净费率,相当于千分之几数值,故$\dfrac{1}{1-q(1+K^2)}$略去不计。

　　x=净费率为q的标的最高承保金额。

　　$K_T = k$,K_T为综合稳定系数,下同。

根据公式(5-2),则有:

$$K_T = \frac{\sigma_T}{P_T} = \frac{\sqrt{m^2 + x^2 q(1-q)}}{P + xq} \tag{5-3}$$

由公式(5-3)得:

$$x = 2k^2 p \frac{1}{1 - q(1+k^2)} = 2k^2 p \tag{5-4}$$

由公式(5-4),把 k 确定为 0.1 时, $x = 0.02P$,即为保守型理论承保限额。在 0.02P 之内,保险公司尽可自留无须分出,不会导致 k 值增高,所以业务经营是稳定的。

公式(5-4)表明,单个保险公司对危险单位的保险商品供给能力与该公司对稳定系数 k 的要求和净保费收入呈正相关关系。一般认为 k 值不应大于 0.1[1]。 $k = 0.1$ 时,理论上保险经营的 20 年中,可能有一年对保险公司不利。

第二种情况:中性型理论承保限额

在 $x = 2k^2 P$ 的基础上,即在纯保险费总额的基础上,加进公积金(总准备金) R 因素,则: $x = 2k^2(P+R)$ 。显然,该承保限额比保守型承保限额大了 $2k^2 R$ 数额,但还不至于影响到自有资本。当然该中性型承保限额的稳定性将比前者略逊一筹。

第三种情况:扩张型承保限额

在 $x = 2k^2(P+R)$ 的基础上再加进自有资本金 C 的因素,即: $x = 2k^2(P+R+C)$ 。这是理论上的极限承保限额。我称之为扩张型承保限额,是否可以接受呢?我以为是可以的。试算如下:

例子:1990 年中国人民保险公司财产险保费收入约 117.6 亿元,资本 10 亿元,总准备金估计为 25 亿元。设净保费占毛保费的 55% 。

---

① 参阅《苏联国家保险》。

A. 假定满足 10% 承保限额规定：

$$x = (10+25) \times 10\% = 3.5(\text{亿元})$$

B. 假定按扩张型理论承保限额计算（$k=0.1$）：

$$x = 2k^2(P+R+C)$$
$$= 0.02 \times (117.6 \times 0.55 + 10 + 25)$$
$$= 1.994(\text{亿元})$$

从 A 与 B 两种承保限额的计算比较看，10% 的限额规定似嫌太高，不利于经营的稳定性。尤其是对于中小型保险公司，应该要求它们的 k 值低于 0.1，许以资本金加公积金的 10% 的限额则显得太高了。

当然，以上三种类型的危险单位理论承保限额只是一种参考值，在实际执行过程中，保险人往往还要凭自己的经验、各类标的以及业务质量等各种不同情况做出全面的衡量和判断，而后确定每笔业务的自留额，将超过部分分保给其他保险人。

（3）承保限额极限比率。它是指扩张型理论承保限额与该保险公司经营资本的比例关系。

设：$lx =$ 极限比率

则：
$$lx = \frac{2k^2(P+R+C)}{R+C}$$
$$= \frac{2k^2(P+3kP)}{3kP}$$
$$= \frac{2}{3}k(1+3k) \qquad (5-5)$$

说明：$R+C=3kP$ 见公式（5-10）。

当 $k \leqslant 0.1$[①]，lx 的极大值为 0.087，小于现行规定的法定比率 10%。可见，10% 的限额确实显得太高了。

---

① 为了保证保险公司经营的稳定性，此处理论承保限额所要求的 k 值应小于 0.1。

2. 单个公司承保总额决定

承保总额与承保限额不同,它指单个保险公司能够向保险市场提供保险商品的数量。

根据 G_B—B—G_B 循环公式,单个保险公司的承保总额要受其经营资本(经营资本=资本金 C+公积金 R,下同)制约。对保险公司经营资本的要求,除了创办伊始必须满足注册资本的规定外,还基于保险公司经常性的保费收入并不一定随时都能满足赔付需要,因为任何一年都有可能发生超常规的巨灾损失,保险公司很可能必须以经营资本抵补履约。而且超常规损失与承保总额成正比。那么,保险公司应该具备多少现实经营资本作为常年超常规巨灾损失赔偿的保证呢? 英美两国采用"偿付能力计算法"[①],苏联采用"财务稳定系数法"[②]。苏联的方法是采取数理统计中的 3σ 原理分析经营资本与承保总额之间的比例关系。本书就是根据苏联的"财务稳定系数法"来推导公积金比率和经营资本比率。

(1)公积金比率。公积金比率是分析公积金与承保总额之间的比例关系。它解决单个保险公司在一定量的承保金额水平上所必须保有的最低数额公积金(总准备金)问题。根据 3σ 原理,有:

$$公积金 R=3\sigma \tag{5-6}$$

该公式说明,保险公司的公积金只要保持 3 个净保费总额的均方差,就可满足任何超常规赔付责任。因此,我们只要推算出 $R=3\sigma$ 占净保费总额的比率,而后通过该比率就可很方便地计算出某保险公司净保费收入(净保费=毛保费-附加保费)所要求的公积金部分的资本

---

① 美国方法参阅惜春生:"保险企业偿付能力测定浅介",《保险研究》1989 年第 6 期。英国方法参阅《中国保险业的发展》。

② 参阅《苏联国家保险》。

额 R。现在,我们先求出公积金比率 r,公式如下:

$$r = \frac{R}{P_T} = \frac{3\sigma}{P_T} \tag{5-7}$$

因为:$\sigma = k \cdot P$[由上节公式(5-2)求得]

所以:$r = \frac{3kP_T}{P_T} = 3k \tag{5-8}$

$R = 3kP_T$[由公式(5-8)代入公式(5-7)] $\tag{5-9}$

假定 $k = 0.1$①,那么,$R = 0.3P_T$。不过在这里还是有遗漏,因为我们是按净费率来计算公积金比率,而不是用保险金额,实际上公积金始终只有对保险金额才有意义(以下我们在推导经营资本比率时也基于同样道理)。可以设想,在竞争激烈的情况下,净费率可能下降到保险金额损失率的临界点或以下,令净保费总额趋小,但保险总金额可能不变或趋大,这样按单个保险公司的个别净保费确定的公积金数额,保证可能是不够充分的。在这种情况下,保险管理当局如果采用公积金比率方法确定公司的承保总额,就应该采用标准的损失或然率计算公司的净保费总额,并据此衡量该公司的公积金积累是否符合要求,不足的处理办法:①要求分保;②要求追加公积金。这两种办法均能有效地防止保险公司把"债"转化为收入,以保证被保险人的合法权益。

采用公积金率的做法是相当稳健的,因为它为保险公司构筑了经营稳定性的第一道防线,一般不至于伤及公司的自有资金。我以为保险管理当局似可不必采用此法,此法可由保险人自愿选择。

(2)经营资本比率。经营资本比率是分析经营资本与承保总额之间的比例关系。它解决单个保险公司在一定量的承保金额条件下,所必须拥有的经营资本量。公式如下:

---

① 一般看来小公司的经营稳定性会差些,要求的 k 值也要相应大些,即:$k > 0.1$。

因为,经营资本 $G_B = R+C$(C 为自有资本金)

令:$R+C = 3\sigma$

则有:

经营资本比率 $g_B = \dfrac{R+C}{P'_T}$

$$= \dfrac{3kP'_T}{P'_T}$$

$$= 3k$$

所以,$G_B = 3kP'_T$ (5-10)

比较公式(5-9)和公式(5-10),由于 $G_B = R+C>R$,所以,$P_T' > P_T$[1]。可见在 $G_B = 3\sigma$ 的条件下,保险公司的承保总额得以扩张,但是尽管如此,保险公司的偿付能力还是有保证的而且是可以接受的。

以公式(5-10),当 $k \geqslant 0.1$ 时,$G_B \geqslant 0.3P_T$[2]。这个结果与美国现行的《通用偿付能力表》(*Insurance Solvency International*)的规定比值不谋而合[3]。

我国保险管理当局完全可以使用 $G_B = 3kP$ 公式,在核定单个保险

---

[1] 以下分析时不再区别 P'_T 与 P_T,均以 P 表示。

[2] $k \geqslant 0.1$ 表明经营规模越小的公司,其财务稳定性越差,那么,在同样的承保额度范围内所需经营资本就越大。

[3] 美国要求的净保费与股东基金(资本金+公积金)比值,见表5-1:

表5-1 美国净保费与股东基金的比例关系

净保费 (百万美元)	不超过 1.5	1.5~3.5	3.5~7.5	7.5~15	15~35	35 以上
比值	<2	<2.2	<2.5	<2.8	<3	<3.3

此表的最高比值可视为 $k \geqslant 0.1$。

3.3=净保费/股东基金。

设:净保费为 1 个货币单位

则:股东基金=1/3.3=0.33,与公式(5-10)结果相同。

公司承保能力时可按经营的业务状况与质量将 k 划分为略高于 0.1 的
若干等级,并使之规范①。经营资本不足的解决办法:①要求分保;②
要求补充公积金;③要求增资。现行规定是不加区别,单个保险公司承
保总额的 30% 都必须向人保公司分保,此规定是不合理的,也是不科
学的。这种做法的背景是大一统保险公司为本位的有利于中央财政集
中的政策。

$G_B = 3kP$ 公式,是保险公司自身控制危险责任和保险管理当局方
便的核资工具。该公式还表明,当净保费收入一定时,各该保险公司的
财务稳定系数 k 的值越小,其所需的经营资本相对小些;否则,要相对
大些。而 k 值的大小则取决于:①保险金额损失率高低,影响因素有:
承保标的的质量、防险防损效果和核损理赔的准确性等;②承保标的数
量;③净费率高低。以上指标对于不同的保险人是不同的。所以,在核
资时必须有所区别对待,目的在于保护被保险人的正当权益。

(二) 经营资本流动性结构合理化数学模型

以上我们通过 k 值与净保险费总额两个变量,分析研究了单个保
险公司经营资本与承保总额之间的数量比例关系。但是,由于保险公
司的这部分经营资本不可能全部处于货币或准货币形式(如银行存
款)的备用状态,资本的生命在于增值,而且还要尽可能最大限度地增
值,于是保险人总是千方百计调动他们的资本,运用于各种投资、增加
盈利。然而,保险人运用资本将受到其经营特殊性的制约。众所周知,
保险事故具有极强的偶然性、突发性、流动性,它可能在一夜之间要求
保险人提供巨额赔款。比如 1990 年 10 月 2 日发生在广州白云机场的
劫机案重大事故,直接保险损失约为 9 000 万美元。其中,7 500 万美

---

① 保险管理当局把 k 设定为高于 0.1,其目的是保证保险公司的经营稳定性,此举
为保险市场的宏观调控和监督所必需。

元从伦敦保险市场摊回,中国人民保险公司支付赔款 1 500 万美元。又如 1991 年我国华东地区特大洪灾,几天之内就要求人保公司提供几个亿人民币赔款。如果保险企业仅仅在账面上或在资产上具有相应的偿付能力,而不能及时把偿付能力转化为现金赔款,那么它所担负的社会责任就难以兑现,无法起到稳定社会经济生活的应有作用。因此,对保险企业而言,就有一个资本流动性结构的合理化问题。

由于各国保险管理当局对保险企业资产管理办法不同,因此,各国的保险企业资产结构也就千差万别(如表 5 - 2 例),很难判断谁更合理,而只能由各国的情况去说明,我们也难以从中归结出规律性的东西,也没有必要。

表 5 - 2 保险基金的投资结构

(%)

投资形式 ＼ 国别	英 国		美 国		日 本	
	寿险	非寿险	寿险	非寿险	寿险	非寿险
有价证券	72.3	79.3	60.4	97.6	41	47
不 动 产	17.4	8.5	3.5		5.8	4.7
贷 款	5.5	3.1	27.4	1.7	39.4	21.6
银行存款或信托存款	4.8	9.1	5.1	0.7	11.5	16.5

资料来源:"保险业发展研究"课题组《中国保险业的发展》。

尽管如此,我还是认为,在保险业资产流动性时空分布中客观上应该存在着一个合理化分布的数量模型,而且这个数量模型仍然可以通过数理统计分析方法得以求证,从而这个数量模型可以作为实际操作过程的基本框架。

在分析之前,我们先把保险业的流动资金分为两类。

第一类:用于当年赔付或给付的经常性付现准备金,包括非寿险责任准备金和赔款准备金,以及当年必须支付的寿险责任准备金。这类准备金所对应的资产要求流动性强、变现速度快,收益率则是次要的。

因此,最为适宜的资产主要是银行存款和同业拆借。其他的,诸如短期政府债券、高质量上市股票、临时周转性抵押放款等,亦可考虑。国外银行(如美国)还有月、季、半年等短期定期存款户,保险公司当然可以根据本身用现规律进行选择安排,但必须核算与银行打交道频繁过程的时间机会成本。

第二类:资本金、公积金和寿险一年以上未到期责任准备金。这部分流动资金运用面广、对象多,情况比较复杂,也是我们分析研究的重点。下面,我们在流动资产的安全性、流动性、收益性和保证偿付这四原则基础上,对非寿险经营的第二类流动资金对应的流动资产合理化框架做概括性的定量分析①。

A 项:保证金+银行存款的数量决定

保证金是保险业根据保险管理当局的规定交存中央银行(或指定银行)的一部分现金资本。我国规定为实收现金资本的 20% ,交中国人民银行。

是项资金只要保持在 0.2 个净保费总额均方差以内,就可满足该公司当年较大的一次性损失赔偿时的付现需要。发生这种赔付后,则必须适时减少其他资产以补足第一类资产和 A 项资产,以及抵还可能发生的拆进资金。

设:A 项资产与净保费总额之比为 a

则: $a = \dfrac{A}{P} = \dfrac{0.2\sigma}{P} = \dfrac{0.2kP}{P} = 0.02k$

$A = 0.02P$(设 $k = 0.1$,下同)

根据 A 项的性质,可知它的流动性要求与第一类流动资金的要求

———————————

① 保险未到期责任准备金相当于中长期银行储蓄存款,管理办法可视同储蓄行资产管理。本文不予讨论。

毫无二致,因此,在考核保险企业的偿付变现能力时,应包括这两部分资金所对应的资产是否符合第一等级的流动性要求。

B 项:中长期政府债券+金融债券+有担保的贷款的数量决定

是项资产具有安全性和较好收益率的特点,但变现的及时性能力较差些。当然,其中前两项可用抵押或贴现的方式临时取得资金。但是,由于是项资产的收益率不是很高,在资产比例中也就不可能太高。可以考虑保持在 0.8 个净保费总额均方差左右是合适的,即:

$$B = 0.08P \qquad (\text{计算方法同上})$$

这样,B 项资产加 A 项资产就相当于 1 个净保费总额均方差。从而两项之和的变现能力保证偿付度就达到 68%,也就是说一般的超常赔付在一个净保费总额均方差之内是没问题的。

C 项:合格股票+企业债券+信用放款数量的决定

是项资产收益率较高,具有一定的投机性和风险性。股票债券一般都要求是合格的证券。其中对股票的价值要定期评估,贷款要扣除呆账部分,以保证流动资金的完整性。由于是项投资的收益率要比 B 项高,因此,往往成为保险业投资的重心。对于保险管理当局来说,是项投资也是考核的重点,而且技术性较强。

C 项资产数量可以考虑定在 1 个净保费总额均方差上下为合适,即相当于:

$$C = 0.1P(k = 0.1)$$

在这里 C 项资产是落在净保费总额的第二个均方差之内。如果动用到是项资产以履行赔付责任,对保险公司来说无疑是祸从天降的一场大灾难。这种机会是不多的。即使发生,该公司的应付超常规巨灾损失的赔付能力也可以达到 95%,而且其中股票债券具有相当的变现能力。但是,必须注意到股票行情变动,及时在 C 项资产中调整比例。

D 项:不动产投资

它包括购买土地,修建住宅、商业写字楼,建造饭店,等等。不动产投资一般被认为是高收益率投资项目,尤其是在通货膨胀情况下具有很强的保值和增值效果,但是它们的流动性较差些。但也不绝对,在商业繁荣时期,房地产契约的流动性和收益性甚至比任何证券都看好。当然相对地,在商业危机和萧条时期则相反。因此,不动产投资具有较强的投机性。从我国情况看,自改革开放以来,不动产投资一直看好。由于我国政策的限制,国内金融机构一般不搞不动产投资,遂使外商投资者如入无人之境,因没有竞争对手而大赚其钱。我以为我国保险公司的长期性资金(包括寿险业和非寿险业,尤其是寿险业)完全可以搞不动产投资。

根据数理统计原理,保险业如果持有第 3 个净保费总额的均方差,其赔付能力的保证度就达到了 99.73% 。如果到了动用这第 3 个均方差所保有的经营资本,可想而知该保险公司将面临的是破产清盘的境地,但还不至于伤及保户的合法权利。一般看来这种情况极不可能发生。所以,我们可以大胆地把不动产投资的数量界定在保险公司净保费收入总额的一个均方差之内,即:

$$D = 0.1P\,(k = 0.1)$$

通过以上分析,我们对单个保险公司经营资本流动性结构合理化数学模型表示为:

$$A:B:C:D = 0.02:0.08:0.1:0.1$$

$$(k = 0.1)$$

或者:

$$A:B:C:D = 0.2kP:0.8kP:kP:kP$$

A、B、C、D 四项相加,其总额就等于 $0.3P\,(G_B = 0.3P, k = 0.1)$。或者说,等于 $3kP$。

我们在单个保险公司承保总额的定量分析中,研究了其经营。资本与承保总额的适应度,现在我们又通过经营资本流动性结构定量分析,研究了保险公司现金偿付能力与保险责任流动性的适应度。这样就对保险公司的供给形成了一套比较完整的约束机制。比如,某保险公司,虽然经营资本与承保总额符合要求,但其流动性不符合要求,或者 C、D 两项偏大,或者 D 项偏大,就不应该认为其具有同等的承保能力。解决办法:一是责其调整比例;一是责其分保(分保结果要达到 A、B 两项要求)。当然,本书在这里所建立的流动性数学模型仅仅是一个理论框架,在实践中可根据具体情况加以适当调整。

四、保险市场供给总量分析

保险市场是保险分配关系的总和。保险市场总供给是各保险人承保金额的总和,保险市场承保能力是各保险人承保能力的总和。这些概念基本上都是正确的。至少表面上看起来是天衣无缝的。但是,深入推敲之,问题并非如此简单。我们从保险总供给上看,现实地表现为各保险人承保金额的总和,这没有问题。然而,保险市场的承保能力就不是各保险人承保能力的简单加权。因为,这里存在着保险的分保机制。在分保机制的作用下,保险市场的承保能力是各保险人承保能力简单加权的倍数。这一特征是其他任何企业所没有的。其他部门的产出能力一般表现为该部门各企业生产能力的加权。保险市场承保能力的扩张效应,我们可以从下面两个方面得以论证。

(一)消化巨额危险单位

前面,我们推导了单个保险公司每一危险单位的最高承保限额($x=2k^2P$)。但是,没有一个保险人会因某一标的超过其自身承受能力而拒绝承保的,如果那样做,他就会失去信誉,失去竞争能力。他唯一的办法是在接受业务的同时,再把超出部分转让给其他保险人,即通过让出保费收入,与其他保险人共同承担巨额标的风险。因此,保险市场通过分保机制能够消化任何巨额保险标的,直至当今在商业用途上的火箭卫星、核能电站保险及附加险。

(二) 缩小经营资本比率

缩小经营资本比率,意味着保险市场从整体上能够以较小的保险资本投入,得到最大的保险商品产出。从资本效益上看,它是社会劳动的节约。分保机制因何可以缩小经营资本比率,我们仍然可以运用保险经营的财务稳定系数指标 k 来加以说明:

$$K_T = \sqrt{\frac{1-q_T}{n_T \cdot q_T}} \qquad (5-11)$$

说明:K_T代表保险市场稳定系数。

$\quad$ q_T代表保险市场承保总额损失率。

$\quad$ n_T代表保险市场承保标的件数。

本公式仅为说明 k 在保险市场上的发展趋势。比较精确的计算应将保险标的、保险金额分类,并分级计算出各自的净保费均方差,而后再求总的均方差。再把总均方差除以净保费总额。但这里没有必要,因为我们仅利用该公式做理论说明。

该公式描述了这样一个发展趋势,即由于分保机制的作用,保险市场上的承保标的可以无所不及,因而 n_T 可以无限扩张,当 q_T 的值稳定时,K_T 的值趋小。那么,根据前面论证的公式:$G_B = 3kP$,从而说明了:

1. 在分保机制下,保险市场经营资本总量相对于保险市场承保总额有趋小的规律。

2. 保险市场的承保能力大于各家保险公司承保能力的简单加权。

3. 因为 k 不可能等于 0,所以,保险市场的承保能力和与之相适应的保险供给也就有了量的规定性。

（三）未来八年我国保险经营资本必要量预测

由于我们在第四章第五节已经对我国未来 10 年的保险费收入做了预测（以现行价格计算），现在我们可以运用 $R+C=3kP$ 公式很方便地测算出未来八年我国保险经营资本（$R+C$）必要量。为了简略起见，本书只对 1993、1995、2000 年做模拟预测。见表 5-3：

表 5-3　1993、1995、2000 年保险经营资本必要量预测

单位：亿元

年份	最小目标值		中间目标值		最大目标值	
	保费	资本	保费	资本	保费	资本
1993	218.0	42.57	222.1	43.31	227.3	44.32
1995	267.1	52.08	282.1	55.01	302.8	59.05
2000	430.5	83.95	499.3	97.36	599.8	116.97
年增	10.6%		12.7%		15.3%	

说明：本表假设纯保费=毛保费×65%，$k=0.1$。从整个保险市场看，由于分保关系，理论上 k 应略小于 0.1，但由于竞争纯费率占毛费率比重上升，故设 $k=0.1$ 似应合理。

五、均衡价格分析

我们在保险供求定量分析研究中，主要考察了保险供求双方的数量信号。而且在实例分析中都隐含了价格不变的假定和集中的市场叫价决策。现在，我们开始引入保险市场的价格信号，以考察保险市场供求关系与价格决定，以及不同的市场叫价决策。分析中，我们借用了均衡价格概念。在西方经济学中均衡价格构成了微观经济学的基础，它是马歇尔创造的用以说明商品价值决定的资产阶级庸俗的价值论。马歇尔的均衡价格理论与马克思的劳动价值论和市场价格形成理论毫无共通之处。本文借用均衡价格概念，只想说明这样

一个事实:"正是供给者不能销售他们愿意销售的数量这种情况,导致他们主动提出一个更低的价格,或者接受其他行为人提出的更低价格;而正是需求者不能买到他们愿意购买的数量这种情况,导致他们主动提出或者接受一个更高的价格。"①所以,本文在运用均衡价格概念时,只是说明商品供求关系达到平衡时在价格上的表现。也就是说,如果我们已经抛弃了马歇尔的庸俗价值论,那么在描述市场供求关系与价格决定方面,西方经济学中的均衡价格分析法,其合理性是显而易见的。

(一) 均衡概念

经济学上的均衡是一种市场状态,市场均衡理论是用来解释商品供求关系和价格决定的一种理论。西方经济学均衡理论从发展过程看可分为三个阶段:马歇尔的局部均衡论、瓦尔拉一般均衡论和非瓦尔拉均衡论。

马歇尔的局部均衡论假定一种商品的价格只取决于它本身的供求状况,而不受他种商品价格和供求状况的影响。马歇尔在论述均衡价格的决定时,还引进了时间因素。他认为:暂时的市场均衡,均衡价格将主要取决于需求状况;正常的短期均衡,均衡价格取决于边际效用与边际生产费用的均衡,企业主取得由产品价格所决定的剩余收入额;正常的长期均衡,均衡价格仍然决定于边际效用和边际生产费用的均衡。但是,边际生产费用对商品的价格起着决定作用。从以上马歇尔局部均衡论的基本内容看,局部均衡论是一组独立组织的市场均衡论。而

---

① 〔法〕贝纳西:《市场非均衡经济学》,袁志刚等译,上海译文出版社 1989 年版,第57—58 页。

且,"马歇尔的均衡价格论无非是把供求论、边际效用论、生产费用论融合成一体的一个庸俗的价值论"①。以马克思的生产价格理论解释马歇尔上述所描绘的均衡价格现象,有如下说明:(1)暂时的市场均衡,由需求状况所决定的市场均衡价格围绕生产价格上下波动;(2)正常的短期均衡,生产价格低于市场均衡价格,企业主取得超额利润;(3)正常的长期均衡,生产价格等于市场均衡价格,企业主取得平均利润。

瓦尔拉一般均衡论则假定市场上各种商品的价格、供给和需求都是相互作用、相互影响的。因而一种商品的价格和供求的均衡,只有在所有商品的价格和供求都达到均衡时才能决定。瓦尔拉的一般均衡理论,包含了商品替代、互补和资源在各部门之间的分配等宏观经济原理。所以,"瓦尔拉的均衡价格向量是通过每种商品的总需求和总供给都相等的条件来定义的。……"②

马歇尔的局部均衡与瓦尔拉的一般均衡,其共同特征是:(1)在所考察的一切市场上供求均衡;(2)这个均衡主要通过价格调整获得;(3)行为人只对价格信号做出反应③。但是,在经济的动态过程分析中,无法回避非均衡概念。因此,非均衡经济学便由此而生,并认为:经济学的一般理论应该是非均衡理论④。

非均衡论的特征是:(1)某些市场不是处于均衡之中,比如劳动力市场;(2)调整不仅可以通过价格进行,而且可以通过数量进行;(3)行为人不仅对价格信号做出反应,而且也对数量信号做出反应⑤。

非均衡论的代表人物贝纳西把市场的价格信号与数量信号统一在

---

① 参阅许涤新主编:《政治经济学辞典》中册,人民出版社 1980 年版,第 499—501 页。
② 《市场非均衡经济学》,第 8 页。
③ 同上书,第 2 页。
④ 非均衡概念是作为市场供求相等这一均衡概念的对立面而被定义的。
⑤ 《市场非均衡经济学》,第 3 页。

有效需求和有效供求之中。他还认为对大多数真实的分散决策的市场来说,某些交换者自己报价,交易在均衡达到之前已经进行。因此,对于这样一些分散决策市场,必须发展一个价格制定过程的理论。这个理论即所谓的"短边法则"①,也就是供过于求价格下跌,供不应求价格上涨的原理。非均衡论认为,只要市场存在短边,瓦尔拉均衡就不具有现实意义,市场应该是一种非瓦尔拉均衡。

非瓦尔拉均衡,也是一种均衡状态。马克卢普把这种均衡定义为:"由经过选择的相互联系的变量所组成的群集,这些变量的值已经过互相调整,以致在它们所构成的模型里任何内在的改变既定状态的倾向都不能占优势。"②也就是说,"不管市场处于什么状态(持续的失业或持续的短缺),只要这些状态通过各种变量的数值的调整,不断向某一点收敛,在这一点,由于经济行为人考虑到各种信号,使各自的行为得到相互的协调,经济不再变动"③,从而处于稳定状态。非均衡经济论本质上是非瓦尔拉均衡论。非瓦尔拉均衡的命题确实更符合客观的经济运动过程。

(二) 均衡的意义

从以上三种均衡概念的比照中,我们不难发现,它们都强调了商品供需客观上都存在着一个均衡点。在这一点上商品取得了均衡价格。如果市场价格与均衡价格背离,将通过供求量的变动,恢复到均衡点。也就是说当供大于求、市场价格低于均衡价格时,说明供给者每增加一单位的商品供应,由于收益递减规律作用,其收入将小于边际成本,是不合算的,因此将会减少供应。当求大于供、市场价格高于均衡价格

---

① "短边"指供过于求的需求方,或供不应求的供给方。
② 《市场非均衡经济学》,"导言"第 4 页。
③ 同上书,"译者的话"第 2 页。

时,需求者将不愿在更高的价格水平上购买,从而有效需求下降。商品市场价格就是这样通过供求失衡的矛盾运动达到均衡价格。均衡点具有如下意义:(1)购买方的有效需求已经得到满足;(2)供给方的有效供给都得到满足。但是,该均衡点并不一定表明市场供求双方都达到利益最大化和社会资源配置的最优化。因为市场竞争程度将决定该均衡点在坐标上的位置(见下文"市场模式与均衡价格"分析)。

(三) 均衡价格的条件①

市场供求达到均衡和价格得到决定的基本条件是:第一,销售某种商品的边际收益等于生产该商品的边际成本,即使非瓦尔拉均衡也必须遵循这个价格条件②,第二,市场竞争程度也对供需均衡状态起决定作用,所以,市场竞争程度也是均衡的基本条件之一。下面,就以这两个基本条件为依据,分析保险供需的不同状态与价格决定的特点。

(四) 市场模式与均衡价格

当今世界,保险市场的模式不外四种类型:完全竞争模式、完全垄断模式、寡头垄断模式和垄断竞争模式。

1.完全竞争模式与均衡价格

完全竞争模式,是指市场上有数量众多的保险公司,每个保险人在市场上所占份额都很小,以致没有一个保险人能够单独左右市场价格,市场价格由人数众多的买卖双方通过市场自发决定,竞争是平等的,不受任何限制或干扰。在完全竞争的条件下,由于资本可以自由流动,保

---

① 　在这里我们暂时舍去了金融渗透因素。

② 　"被选定的价格满足通常的条件,即边际成本等于边际预期收益。"见《市场非均衡经济学》,第63页。

险资本要获得或保持超额利润是不可能的。从长期看,竞争的结果是:
(1)市场价格=最低平均成本;(2)最低平均成本=边际成本。根据边
际收益=边际成本的均衡条件,可以认为,在完全竞争的条件下,保险
人的边际收益将等于其经营的最低平均成本。也就是说,在完全竞争
的市场模式下,保险供求均衡可以促使个别保险人把他们的供给规模
调整到平均成本的最低点,这就使得保险商品价格下降,从而消费得到
最大的满足。

　　一般认为完全竞争是一种理想的竞争模式,它能使企业的生产扩
充到平均成本的最低点,因而能最充分、最适度、最有效地利用资源。
但是,自垄断资本主义发生以后,完全竞争已无现实性,现实中存在的
竞争往往是一种不完全的竞争(垄断竞争和寡头竞争)。但也不尽然,
比如中国香港地区,可以说是一种完全竞争的保险市场。

　　2. 垄断竞争模式与均衡价格

　　垄断竞争模式下的保险市场,表现为大小保险公司并存,少数大保
险公司在市场上占有绝对份额,取得垄断地位,它们的叫价行为往往成
为保险市场的主导费率。垄断竞争的特点是:同业竞争在大垄断公司
之间、垄断公司与非垄断公司之间、非垄断公司内部之间激烈展开。

　　在垄断竞争模式下的长期均衡条件是:(1)边际收益=边际成本,
规定了最大供给条件;(2)平均收益=平均成本,超额利润消失。一般说
来,垄断竞争与完全竞争的区别,在于平均收益总是要大于边际收益。
这是因为,在垄断或垄断竞争条件下,垄断组织为了争夺市场份额,在商
品出售量增加时,就会引起需求价格下降。由于需求价格下降,平均收
益和边际收益也随之递减①。又因为,平均收益 = $\dfrac{总销售收入}{总销售量}$,而边际

---

　　① 平均收益=需求价格。

收益是随着销售量的每单位增加而递减,所以,相对于平均收益水平上的边际收益总是小于平均收益。根据上述分析的结果,在垄断竞争模式下的均衡有如下特点:

(1)平均收益>边际收益。消费者的需求价格高于完全竞争条件下的需求价格。因为完全竞争条件下,平均收益=边际收益。

(2)平均成本>边际成本,则有:平均成本-边际成本+完全竞争条件下的利润=垄断竞争条件下的利润。这是因为,边际成本是供给者生产最后一个单位商品的界限。所以,平均成本>边际成本的部分可以认为是垄断竞争高出完全竞争那部分利润。

(3)平均成本>边际成本,说明在垄断竞争条件下生产资源的利用效率不如完全竞争,因为在完全竞争条件下,平均成本可以下降到最低点,即:平均成本=边际成本。

垄断竞争是发达国家保险市场的主要模式。有些国家,如美国、英国、德国等,虽有数量众多的保险公司,但一些大公司垄断着市场的绝大部分业务。例如:美国财产—责任保险公司有2 900多家,其中900多家在全国范围内经营业务的公司,业务收入占该类业务总额950亿美元的90%;在人寿险中,有1 940多家公司,其中140家相互公司占保险收入的一半以上。英国保险市场有800多家保险公司,最大的12家公司垄断了市场业务的60%以上,其中寿险业务占54%,非寿险业务占87.8%。法国保险业的集中程度不如其他行业,但10家最大的寿险公司也占领了保险市场的50%,前10名的财产保险公司占领了市场的30%以上。加拿大经营财产和意外险的直接和再保险业务的公司有129家,而20家大公司占有了59%的份额,最大的一家竟占营业额的8.8%①。

---

① 资料来源于吴耀宗等:"主要发达国家保险制度的比较",《保险研究》1990年增刊。

3. 完全垄断模式与均衡价格

完全垄断模式是指在保险市场上只有一家保险公司兼营各类保险业务，或者按业务性质不同设置两个或两个以上的专业保险公司，专业公司之间业务互不交叉，从而保持专业业务的完全垄断。采取完全垄断模式的保险市场，多为社会主义国家和一些发展中国家。

在完全垄断模式下，保险市场没有竞争。其均衡条件是：(1) 边际收益＝边际成本。边际成本规定商品供应量。(2) 平均成本＞边际成本。供给者取得垄断竞争条件下的利润(前面已分析)。(3) 平均收益＞平均成本。取得超额利润，即高于垄断竞争条件下的利润①。平均收益(等于需求价格)究竟要高出平均成本多少，垄断将根据已知或预测的供求状况，在高价少销和低价多销之间权衡比较，以便所设定的供给量和价格水平能带来最大限度利润。

完全垄断条件的均衡特点：

(1) 价格居高不下。因为平均收益＞平均成本，所以垄断价格将是购买者支付的商品最高价格，对需求者不利，导致保险有效需求不足。

(2) 造成资源浪费。垄断有可能采取控制供给量的办法，以提高或保持高价格取得高额利润，从而造成保险资源浪费，削弱保险经济实力。

(3) 产生双向压制。双向压制指对保险供给和需求双方面都产生压制。在完全垄断下，保险市场上没有可替代的其他保险商品，没有可供选择的其他保险人，投保人只能向一个公司购买保险。另一方面，在这样的市场条件下，保险人的业务量总是有保障的，"皇帝的女儿不愁嫁"。由于失去了外部竞争的强制，市场反应麻木，从而对于改进和增加险种，提高服务质量和数量就没有紧迫感，而且必然产生官商作风、铺张浪费、以权谋私等腐败现象。

---

① 垄断竞争条件下，平均收益＝平均成本。

（4）封闭式经营。完全垄断的保险市场是一种趋向完全封闭式的保险经营。同时，国内业务也极少向外分保，也不允许外资保险业进入国内市场。这样的保险市场常常都是以封闭式金融市场为背景。因为封闭式金融条件下，不可能提供国内保险业务向外分保的外汇供给。封闭式经营不可能有效地动员和利用国际保险资源。

4.寡头垄断模式与均衡价格

寡头垄断是指一国的保险市场只存在少数几家相互竞争的大保险公司。目前，我国保险市场有从完全垄断走向寡头垄断的态势。

寡头垄断模式下的均衡条件：（1）边际收益＝边际成本；（2）平均成本<寡头垄断平均收益<完全垄断平均收益。这表明在寡头垄断均衡条件下，投保人的需求价格高于垄断竞争下的需求价格，但又低于完全垄断条件下的需求价格。这种市场叫价现象是寡头垄断既竞争又妥协的结果。如果是不妥协的竞争，将形成垄断竞争均衡价格。如果完全通过协议来规定标价，并能不折不扣地执行，那么则是完全垄断均衡价格。两者实际上都不可能存在于寡头垄断均衡之中。

寡头垄断均衡的特点：

（1）市场结构相对稳定。这是因为国家管理当局对新公司进入市场控制极为严格，甚至不可能。

（2）行业自控能力比较强。这是因为寡头之间只存在着某种程度的竞争，为了避免价格竞争可能带来两败俱伤的损失，容易产生价格协调，但不能完全避免价格竞争。

（3）价格比较稳定。在一般情况下，价格不因需求情况变化而随时上下调整，而是在较长时期内会保持相对稳定。

（4）寡头垄断的基本倾向是封闭式保险市场，因此不能尽除完全垄断模式下的种种弊端。而且寡头的数目越少，市场越趋于完全垄断的特征。

（5）消费者不能得到利益最大化的需求价格。这样，保险商品的替代品（如自保、合作保险等）会增加，相反保险与其他商品的互补性会削弱。

以上，我们考察了四种不同类型的保险市场模式、特征及其均衡价格水平，这些内容将为我们第七章的研究提供基本原理。

下篇
市 场 论

第六章　我国保险压制的特点与分析

一、保险压制现状

（一）保险压制的含义

保险供需压制是一种市场现象。保险市场是保险供需关系的总和。马克思指出："说到供给和需求，那末供给等于某种商品的卖者或生产者的总和，需求等于这同一种商品的买者或消费者（包括个人消费和生产消费）的总和。而且，这两个总和是作为两个统一体，两个集合力量来互相发生作用的。"[①]因此，保险压制，指一国保险市场由于过多的行政干预而发育不成熟、不完善、缺乏竞争和低效率，从而对保险供需统一体的双方面都产生抑制现象。

保险压制的主要特征是保险市场高度垄断、费率管制，甚至与金融市场相分离。产生保险压制有诸多方面原因，如一国的社会历史传统、政治经济结构、道德法律规范、经济商品化和金融化程度，等等。

保险压制的结果对经济产生负面影响。在发达国家，保险与银行、信托并列为金融市场的三大金融支柱，不仅表现为它对社会经济生活所发挥的巨大稳定器作用，而且其融资功能亦不可等闲视之。然而，在

---

① 《马克思恩格斯全集》第 25 卷，人民出版社 1974 年版，第 216 页。

发展中国家由于保险发展迟缓,整个社会再生产过程的抗灾能力比较脆弱,生产和流通的金融媒介主要靠银行。例如我国 1991 年华东地区百年不遇的大洪灾,造成直接经济损失约 700 亿元,但是保险赔偿只占 3.0% 左右,大量的经济恢复资金要靠银行贷款和财政支出,这就难免对财政信贷造成计划外冲击,少收多支,平衡困难。

(二)我国保险供求现状

1. 保险需求水平低

一国的保险有效需求及其实现的程度通常用保险密度和保险深度加以衡量。保险密度和保险深度同时又是反映一国保险业发达程度和保险实力的两项重要指标[1]。两者与国民收入都呈线性正相关关系。本书根据 1988 年全世界 30 个国家(见第四章表 4-6)的人均保费(密度)与人均 GNP 进行二元回归分析,相关系数达 0.8372,说明有较强的正相关关系。但是,用深度与人均 GNP 进行二元回归分析的结果,相关系数仅达 0.5817,表现为低度相关。我国的这两项指标与 GNP 的关系与此类似(见第三章第一节"国民收入分配体系中的保险分配")。

根据瑞士再保险公司《西格玛》杂志的统计。我国保险密度具体表现为:1986 年为 1.3 美元,排名第 61 位;1987 年为 1.9 美元,排名第 63 位;1988 年为 2.5 美元,仍为第 63 位,该指标在年收保险费超 1 亿美元国家中排名倒数第一。我国保险深度具体表现为:1986 年为 0.65%,排名第 45 位;1987 年为 0.67%,第 60 位;1988 年为 0.72%,第 62 位,倒数第三。这两项指标均落后于亚洲人口大国印度和巴基斯坦。1988 年,印度保险密度为 4.4 美元,居第 60 位,深度为 1.34%,居第 48 位;巴基斯坦密度为 3.2 美元,居第 62 位,深度为 0.95%,居第

---

[1] 保险密度,指按人口平均所承担的保险费;保险深度,指保费收入占 GNP 的比重。

56 位。而同期,我国人均国民生产总值为 347.22 美元,均高于印度
(328.36 美元)和巴基斯坦(336.84 美元),可见我国的保险需求水平
是相当低的。

2. 保险业规模发展迟缓

保险是一种劳动密集型产业,保险产业规模(包括:资本、机构数
量与分布、从业人员的质量与数量)决定保险供给水平。据不完全统
计,1987 年,我国保险市场的营业机构有 2 900 个,每个机构服务对象
达 40 万人左右。从业人员约 88 人(不包括代办员),每个从业人员
(包括管理机构人员)服务对象达 1.4 万人,以保费计算人均销售额不
到 5 万美元。这种状况跟国外同行比较,以美国为例,美国私营保险公
司 5 900 家,每 5 万人左右就有一家保险公司为其服务。从业人员达
200 万左右,即每 150 人就有一个保险从业人员为他们服务,人均营业
额达 20 万美元左右。当然,我们与美国似乎没有可比之处,因为美国
的人均 GNP 接近 2 万美元(1988 年),他们的保险资源比我们丰富得
多。而我国则属保险资源相对短缺的发展中国家,这是客观存在的事
实。但是,我国这种低水平的保险供给状况,就是跟国内农业银行比较
也是小巫见大巫。据 1987 年统计年鉴,农业银行营业机构为 44 001
个,职工人数 413 836 人。对比之下我国的保险供给不能不说是严重
不足的。

以上保险供需现状,说明了我国保险业从 1980 年复办以来,是在
不均衡状态下发展起来的。其特征:一方面表现为保险有效需求不足;
另一方面却又表现为供不应求的失衡状态。根据市场供求规律,有效
需求不足,可通过下调价格以刺激需求,但是,由于我国人均 GNP 很
低,保险需求的收入弹性系数和价格弹性的期望值不可能很高,加之民
众保险意识淡化,公有制企业风险损失预算软约束,以及国营保险垄断
价格等因素,价格下调的可能性不大。另一方面,保险供不应求的失衡

状态,按理将会拉起保险商品价格,但是,由于对保险商品有支付能力的需求不足,要求降低价格,这就制约了人保公司以提高价格增加供应的选择。比如,农业保险、出口信用保险,费率低了保险公司赔不起,费率高了农民、出口商保不起。此外,我国保险供给不仅表现为总量不足,而且还表现为地域分布和险种结构上的失衡,影响致使部分有效需求不能实现。

"近10年来,我国保险业务平均每年以48%的速度发展,超过同期国民收入增长的比例,迄今仍有抑制不下的势头,这一方面固然反映了我国保险供给大量增加的事实,另一方面,也证明了我国保险需求被压抑的量还很大,保险供给还很不足。"[①]

我国保险市场所表现出来的有效需求不足与有效供给不足同时并存现象,固然有其深刻的历史渊源,但就现存的经济环境分析,不难看出我国保险市场带有相当明显的压制型印记。

二、市场垄断模式下的保险压制

(一)保险市场要素的配置形式

1. 保险市场构成要素

(1)主体要素:需求主体(要保人)和供给主体(保险人和再保险人)。

(2)客体要素:保险商品品种、价格、数量和质量。

(3)资本要素:自有资本和总准备金。

(4)生产要素:销售网点、技术水平和从业人员。

---

① 《中国保险业的发展》,第57页。

保险市场上述要素的配置、协调与发展,各国不尽相同。但就管理的基本形式看只有两种:市场调节型和市场统制型。

2. 市场调节型

市场调节型是与较为成熟的市场经济制度相联系的。市场调节的基本特征就是依靠市场机制调节经济运行过程中的生产、流通、交换与消费四个环节的活动,政府对微观经济活动一般不实行超经济强制。市场调节型在保险运营管理上体现以下基本特征:

(1)以立法形式明确规定保险组织的创设条件,企业性质、经营对象、经营范围和原则,企业兼并、清盘和破产,违纪罚责,等等。对保险组织的设立,只要符合条件(包括从业人员的专业水平),一般不加以限制,由市场调节。另一方面,投保人则有了更多的选择。

(2)设置超脱性的政府保险管理机构①,负责依法管理保险市场和监督保险组织履行有关保险法令和制度,包括对保险组织的财务预决算、费率原订的合理性、承保金额限制、现金偿付能力、经营资本比率、流动性结构、利润分配等实施监督和管理。一般原则是市场监督管理者不参与市场经营活动,不搞政企合一的经营机构。

(3)通过司法解决保险合同纠纷。保险合同纠纷的解决办法有协商解决、仲裁解决和法庭判决。但主要形式是法庭判决。合同纠纷是双方当事人的民事纠纷,并不涉及政府与被保险人的关系,更不涉及政治范畴。我国自保险复办以来把保险公司的理赔宣传成是政府关怀、党的温暖,凡此种种,似有不妥。

总之,市场调节型是运用立法、执法、司法"三权"分立的原则来规范保险市场,推动保险组织加强自我管理和约束。工业国家和新兴工业国一般都采用这种模式。保险市场要素配置的市场型调节,又根据各国集

---

① 是否附属于中央银行、财政部、商业部或单独设置,各国做法不同。此非本质问题。

中和分散的程度不同分为:完全市场型、半市场型和半垄断型三种①。

3.市场统制型

市场统制型往往与国家对保险市场实施垄断经营相联系。一般表现为在全国范围内只有一家或为数极少的若干家国营保险公司分割市场。国营保险不同一般不是直接成为政府的一个部门,就是直接隶属于政府的某个部门,独立化的人格淡化,实际上是政企合一的机构。市场统制型的保险经济运行机制有如下一些基本特征:

(1)维护国营保险业对保险市场的垄断。其他所有制形式或地方性保险公司几乎不可能存在。最典型的要算是苏联保险经济模式②:国家专营一切种类和一切形式的保险,而且保险业国有化就是把所有保险公司合并为一,集中它们的活动,由国家来监督。

(2)保险企业往往是一种"大一统"的政企合一组织。国家对保险企业的监督管理主要依靠行政手段和计划调控。国营保险的垄断必然导致保险立法观念淡化,主要依靠行政手段调节保险分配关系和保险分配关系与财政信贷、企业财务、居民消费及价格等分配关系的关系。

(3)保险市场呈封闭状态。这种封闭仅是限制外商在国内经营保险业,而且国内业务一般也不向外分保,叫作"肥水不流外人田",结果

---

① 完全市场型:实行完全市场型管理模式的国家,保险市场开放,对保险企业的设立没有严格限制,外国保险公司可比较自由地进入本国市场,保险企业数量的多少,基本上由市场自行调节。国家保险管理机构对保险企业管理相对宽松。保险行业公会在市场管理中发挥重要作用。英国、美国、法国、德国、加拿大等大致属于这一类型。有限市场型:有限市场型是指保险业经营依然以市场为基础,但保险市场具有较高的垄断程度。保险市场上的竞争是国内保险垄断企业之间的竞争,形成相对封闭的国内保险市场。国家有关保险管理办法比较严格,并维护这一市场机制。该类型以日本为代表。半垄断型:所谓半垄断型市场结构是指一项或几项保险业务由国家保险公司或其他保险公司垄断、专营,而在一般险种中,仍采用市场调节的方法。维护部分险种专营是国家对保险业管理措施之一。很多第三世界国家,为保护民族保险业的发展,多采用这一模式。(引自"保险业发展研究"课题组《中国保险业的发展》,第97—98页。)

② 参阅《苏联国家保险》。

就不能合理有效地配置国内外保险资源。

（4）统制型保险经济的运行机制又往往与财政预算存在某种程度的联系。因此，保险展业往往有借助行政手段的倾向，俗称"行政展业"。行政展业容易造成异化或扭曲保险分配关系。

（5）统一保单、统一费率。保险合同条款缺乏灵活性，说明保险公司提供的保险商品品种单调，从而也就不能因地制宜、因时制宜、因人制宜。统一费率令费率缺乏调节机制，而且往往偏高。以上两者都将造成对保险需求的抑制。

与市场调节型管理运行机制相比较，市场统制型管理运行机制缺乏市场调节机制，从而造成对保险市场的配置、协调和发展的压制。统制型保险市场压制，目前在我国经济运行机制转轨时期表现得还相当突出。

（二）垄断模式下的我国保险压制特征

1. 保险资本社会化程度低，抑制保险供给

1985 年 3 月，国务院颁布了《保险企业管理暂行条例》，名义上允许资本自由进入保险市场，实际上"自由"是极为有限的。迄今按《条例》成立的太平洋保险公司，深圳平安保险公司及部分城市的人寿保险公司，均为社会主义公股有限公司，其资本多属公有制内部金融资本搬家，可以说是国营保险公司的"亚种"。虽然在体制上可称得上打破了中国人民保险公司（以下简称人保公司）独占的垄断局面，但在绝大部分省市保险市场仍然是人保公司一统天下。由于严格限制资本进入保险市场，所以，我国国内保险资本的社会化程度相当低，保险机构增长受到严重梗阻，保险供给总量和供给结构都呈低水平状态，这意味着保险部门的资产和负债的增长受到限制，形成国民经济中的保险浅化。

2. 费率居高不下，抑制保险需求

近 10 年来，我国保险的平均赔付率约在 40% 至 45% 之间，个别险种只有 20% 左右①。管理费用率按国外一般水平在 30% 至 40% 之间。两项相加等于经营成本。那么，我国的保险经营成本只占保费收入的 80% 左右（包括营业税和预期合理利润）。这说明，我国的保险费率处于完全垄断价格的均衡点上，也就是说在均衡价格坐标的最高点，从而产生对保险需求的抑制。

三、财政范畴中的保险压制

（一）国家对保险业的财政政策

我国自保险复办以来，人保公司与国家财政之间的分配关系，大体经历了三个阶段：

第一阶段：免税扶植政策（1980—1982）

1980 年，保险公司恢复国内业务伊始，资本金只有 5 亿元人民币，当务之急是要尽快积累一笔总准备金。除了原定略高的费率之外，当时国务院还做出了"留足保险基金以后再缴财政"的决定。所以，这一时期没有上缴财政税利的任务。

第二阶段：重税兜底政策（1983—1986）

1983 年，国家实施利改税财政分配体制，人保公司按具有超额利润的中央大型企业征税办法，向中央财政缴纳 55% 所得税，20% 调节税（1985 年改为 15%），向地方财政缴纳 5% 营业税。规定对农林牧渔四业生产直接关联的保险业务和国外分保费收入不征营业税，对长期

———————————

① 《中国保险业的发展》，第 74 页。

人身险业务免征一切税。同时,国家财政承诺作为人保公司的总后备,承担巨灾损失的超赔责任。保险界称此办法为"重税兜底政策"。

第三阶段:"收益共享、风险共担"政策(1987—)

由于在保险公司的财产保险业务中,保险费的相当大部分来源于地方国营和集体企业的纯收入,地方财政认为人保公司向中央财政缴纳所得税和调节税是把地方收入转变为中央财政收入,因此,纷纷提出要办地方保险公司,以增加地方财政收入,有的甚至不同意企业在税前列支保险费用。为了缓解这种矛盾,财政部规定,从1987年起,保险企业国内业务的所得税和调节税,由中央和地方实行"五五分成",叫作"收益共享、风险共担"。从而调动了地方财政支持保险发展的积极性。从本质上看,这阶段解决的主要是两级财政的内部矛盾和协调问题。不过我们也从这里看到了我国目前保险业的发展与财政具有相当的密切关系。

(二) 保险与财政关系之实质

根据《中国人民保险公司章程》,人保公司是经营保险业务的国营专业公司,是经济实体,再根据《保险企业管理暂行条例》,国家保险管理机关是中国人民银行,人保公司与财政之间不存在行政上的任何隶属关系。从而,不少人就此认定保险企业与财政之间只存在着纳税关系,或者说在纳税关系之外,还存在着某种"共保"关系①。上述看法值得商榷。理由是,国家对保险企业采取的"重税兜底"政策(税率高达70%),以形成"风险共担"的所谓"共保"关系,其实质就是把保险分配关系纳入财政分配的范畴。尤其是福建和广东两省以财政办保险的特殊政策,更是继承了我国20世纪50年代保险理论与实践传统。保险

---

① 《中国保险业的发展》,第128页。

与财政两者分配关系的本质联系决定了保险分配关系的性质。它同信用与财政两者分配关系的本质联系决定了财政信用分配关系的性质一样。因此,我们完全有理由认为,迄今为止我国的保险分配关系从总体上看仍然从属于财政范畴,是财政筹集救灾后备的一种特殊的分配形式。分析如下:

首先,高税政策的杠杆作用。高税政策对纳税主体的作用主要有两个方面:一是限制纳税主体的发展;二是调节纳税主体的超额利润收入。由于我国现阶段的保险经营基本上为国营保险业所垄断,故不存在限制主体数量发展问题①。所以,现行对保险公司的高税政策主要是起调节超额利润收入的作用。以近几年来的情况,人保公司在非寿险上的高费率、低赔付率,以及保险费收入规模和盈利水平看,财政在税收上将保险业视同具有超额利润的国家大型企业,不无道理。所以,问题并不在于"高税",而是在于"兜底"。

其次,兜底办法的实质。兜底办法,实际上是把保险基金与财政总预备费联系起来,把保险基金纳入财政预算轨道。比如现行做法不是根据保险企业所承担的风险首先提存总准备金,而后计算毛利,而是先按照当年保险费收入的50%提存未了责任准备金,再减去当年经营成本,形成毛利,然后按毛利的70%课征所得税和调节税,再按毛利的5%提取利润留成,剩余部分转入总准备金。其结果是把总准备金放在可有可无的极不稳定的位置上,造成总准备金积累赶不上业务扩张,影响了人保公司的财务稳定性。以1990年为例,人保公司国内外业务总收入为177.4亿元,积累总准备金20多亿元。根据第五章总准备金(公积金)公式 $R=3kP$(设:$k=0.1$. 净保费 $P=177.4\times65\%=115.31$ 亿

①　随着放开保险市场,允许多家办保险,在国家又必须对保险业数量进行控制的情况下,高税仍不失为一种有效的控制手段。

元。这里把人身险也概入,合理与否,可以讨论,下同),计算结果总准备金至少必须达到35亿元左右。可见人保公司到目前为止所累积的总准备金与它所承担的风险责任是不对称的。也就是说净保费中应留的总准备金部分被当作毛利作为课税对象而转化为税收上缴财政,这才是形成财政"兜底"和"风险共担"(在这里亦指保险公司与财政两家风险共担)的根本所在。"七五"期间人保公司上缴国家税利达61.85亿元,如果财政能少收10亿元,也就是说如果能先扣除应扩充的10亿元总准备金,那么人保公司拥有30多亿元的总准备金,在现有的承保责任范围内,估计在不伤及资本金的情况下,也有能力承受一次像唐山大地震那样的承保赔付责任①。

(三) 财政范畴中的保险压制

财政范畴中的保险压制,指我国的保险范畴至今尚未完全独立于财政范畴之外,仍然被视为财政分配职能和监督职能的具体的特殊表现形式之一,保险基金实际上被视为国家防灾措施的预算提成,并由人保公司管理,从而形成了财政对保险的干预,即财政对保险的压制。

1. 重税兜底政策限制竞争

如前分析,重税兜底会吞噬掉人保公司一部分相当可观的总准备金。按此做法,如果以经营资本与承保责任比率的要求,则限制了非国营保险公司的保险商品产出能力,使经营保险业务无利可图,这就令资

---

① 唐山大地震直接经济损失50亿元左右,以赔付20亿元计,占40%;1981年四川特大洪灾,损失20多亿元,保险赔付占4%;1983年安康水灾损失5亿元,保险赔付占6%;1985年辽河洪水损失47亿元,保险赔偿占2%。

本合法进入保险市场终成不可能,此其一。其二,重税兜底,是人保公司作为国家垄断保险市场、财政为后盾的特殊条件下的财政对保险业的政策。非国营保险公司当然不能享受财政"兜底"待遇,而必须依赖增加自有资本来提高自身的承保能力,否则,就无力与人保公司平等竞争市场份额。

2.风险共担政策分割市场

现行实施中的中央与省两级财政"五五"分成、共同兜底的所谓"收益共享、风险共担"政策,把保险费收入的盈余与两级财政挂钩,人保公司的利益与地方财政利益融为一体。这层关系必然产生行政干预地方保险市场,排斥外来竞争的现象。比如,深圳平安保险公司几次试图挺进厦门特区市场,终因地区藩篱,至今未能如愿以偿。再如,交通银行保险部当年进入湖南市场,而地方政府指示,除人保公司未经营业务,交行保险部始得经营。福建也是这样,至今太平洋保险公司要进入人保公司四大险种,亦非易事。地方政府对保险市场的保护主义,由此可见一斑。

3.重税阻止费率下降

保险的社会经济效益不仅体现在提供社会稳定器和经济补偿方面,而且还应该体现在投保人得以用尽可能少的保险费支出,取得尽可能大的经济保障方面。所以,费率水平应该成为保险社会经济效益的一个重要考核指标。重税政策迫使保险业必须维持高费低赔,以保证获取利润和有可能充实保险总准备金,这样就阻碍了费率下调。另一方面,保险总准备金实力及其运用效益是保险费率下降的物质基础,重税使得保险业总准备金积累赶不上业务扩张的需要,从而也就失去了下调费率的条件与基础(见第五章第三节"保险供给定量分析"中的三个比率公式要求)。

四、金融压制与保险压制

在第一章,我们已经研究了金融型保险公司的优势。在第四章的保险需求价格弹性分析中,我们又研究了当代保险与金融相互渗透、互动发展趋势的成因与条件。我们可以肯定,对财政型保险的扬弃,是商品经济历史进程的必然结果。而对金融型保险的肯定,则是我国社会主义进入有计划商品经济时代的肯定。现在对我国保险公司走金融型道路已成共识,但同时在实践的过程中也强烈地感受到了金融压制环境中的保险压制。

(一) 我国金融压制的特征

1.金融压制的一般概念

金融压制,是美国经济学家 E. S. 肖和 R. I. 麦金农分别在研究发展中国家金融发展与经济增长的辩证关系时创立的概念。其含义是:发展中国家在经济发展过程中,由于制度上的某些缺陷和当局政策上的考虑,对金融领域进行过多的行政干预或实行了某些过分严格的措施,各方面的控制和规定束缚了金融业的手脚,使其难以正常发展,进而对经济发展产生了反方向的制约作用①。

2.我国金融压制的特征

如果说 20 世纪 80 年代以前,我国实行的是在公有制基础之上高度集中统一的计划产品经济,货币仅作为计算货币和居民消费品购买手段,经济增长可以相对独立于金融部门,不存在所谓的金融压制现象,那么,在改革开放后,奉行有计划的商品经济,允许多种经济成分并

---

① 李弘等编:《货币、金融与经济发展》,中国金融出版社 1988 年版。

存,投资主体多元化,资源的配置将越来越倚重于市场调节,经济生活中的货币化程度和商品化程度日益提高,经济增长与金融中介之间的相互依存、相互作用和相互影响的关系益见密切,从而也就暴露出我国特有的金融压制现象。具体表现为:

(1)利率管制。金融压制论"本质上是货币的理论,它建立在这样一种思想上,即认为货币供给,它的实际价值和实际成本(即实际利率)在经济增长过程中起重要的作用"[1]。

通常由政府或金融当局政策性制定的利率,一般不能真实地反映市场均衡价格及供求关系,而且往往抑低名义利率和实际利率。尤其是通货膨胀和利率控制的结合将会产生负的实际利率。当出现过低的,甚至出现负的实际利率时,人们的储蓄愿望就会受到遏制,将往往投资于通货膨胀套期保值,诸如黄金、珠宝、不动产、耐用消费品等非生产性投资,导致储蓄下降和投资萎缩,从而限制了经济增长。

(2)信贷指标控制或信贷配额。由于我国金融市场,尤其是资本市场尚处于培育过程的萌芽状况,银行贷款成为融资的主要渠道,金融流动基本上还局限于银行体系。在控制利率的条件下,信贷指标或配额往往带有条块利益、政治压力、长官意志、贷款决策者暗中利益(以贷谋私)等附加条件。失去市场调节机制的信贷资金非价格分配,其结果导致信贷资金非商品化供应和低效率,从而制约了国内资源的配置效率。

(3)严格限制新设金融机构。迄今为止,我国金融体系仍然奉行高度集中的管理体制。虽然出现了所谓的"农行进城、工行下乡、中行上岸、建行破墙"以及交通银行和少量的地方性银行,信托和保险公

---

[1] 〔英〕理查德·L.基钦:《发展中国家的金融》,周晓寒等译,黑龙江人民出版社1990年版,第19页。

司,金融主体之间有了一定程度的交叉竞争,但是,寡头垄断下金融市场分割的大环境依然存在。尤其是在严格控制企业多头开户的情况下,企业更是缺少变更与银行信贷关系的自主权,加剧了市场的分割垄断。同时,还存在严重的脱媒现象,即资金的"体外循环"。

(4)信用工具缺乏,金融市场不发达。我国虽然已经意识到发展金融市场和信用工具对于金融深化改革的举足轻重之作用,但是,它们的发展至少受两个方面的抑制:一是当前存在的公有制企业普遍低效率,甚至亏损,失去向市场推销股票债券的经济实力。二是国家财政状况尚未根本好转,还必须向市场大量筹集资金,为了满足国家财政大头需要以及减轻财政筹资成本和活跃国家债券交易,则必然抑制其他证券在市场上的筹资和交易份额,在可预见的将来,除了国家债券和少量企业股票债券外,银行存款仍然是我国多数居民和其他经济主体的主要的,甚至是唯一的金融资产。

(5)汇率控制。发展中国家官定汇率往往产生高估本币价值现象。这样,在本币利率被抑低的情况下,便会产生对外资流入与本国外汇归流的遏制,从而影响了对国外资源的动员和利用。如果没有辅之以外汇管制,便产生外汇黑市和逃汇现象,所以,汇率控制往往伴随外汇管制。

(二)金融压制中的保险压制

在发达国家中,保险与银行、信托被公认为金融市场上的三大金融支柱。保险公司,尤其人寿险基金为储蓄提供了非常重要的渠道,它们的投资活动甚至支配着证券市场。相比之下,发展中国家保险公司在金融市场上的作用是很有限的,保险业非但不是资金的重要渠道,而且保险业务,尤其人寿保险业务的发展还经常受到通货膨胀和抑制性金融市场的困扰。我国保险业发展的现状也大致如此,主要表现为保险业的金融化程度相当低下,保险经营对内对外都是相对的封闭状态。

1. 保险业在资金运用上主要是存款人而不是投资者

1984 年,经中国人民银行批准,人保公司始得办理投资业务。1986 年中国人民银行首次对人保公司下达投资限额为 2 亿元。1987 年累计下达投资限额为 6.3 亿元,并列入国家信贷计划。1988 年投资额度为 4.3 亿元。资产运用率只有 3.1%[①]。发达国家保险公司的资产投资率一般都要达到 85%—90% 之间,其中有价证券投资率甚至高达 75%—80%。人保公司不仅在资金运用的数量上,而且在投资的方向上也受到严格的限制,1986 年规定为地方自筹固定资产项目,1987 年批准试办流动资金贷款业务和购买金融债券,1989 年规定为流动资金贷款、技改贷款、金融债券和银行同业拆借。由于保险公司的资产主要是银行存款,仅有的投资对象又都是限制在利率政策的控制范围,1991 年,不包括存款在内的资金运用率仅为 13.42%[②]。因此,保险基金的增值效应就相当低。像 1988 和 1989 两年出现的高通货膨胀率,银行存款利率是负值,保险基金难免遭受亏蚀。

2. 寿险预定利率低于储蓄利率,寿险保单无利可图

当代寿险发展的取向是返还性险种,如我国的简易人身险、婚嫁保险及养老金保险等。英国、日本等国还发展有分红保险以及抵消通货膨胀影响的变额保险等。总之,当代寿险发展注重了返还性、收益性和保值性。而我国的寿险还只停留在返还性的传统保守做法上。由于保险公司的成本(费用和税金)和利润只能从银行存款和投资收益减去寿险预定年复利率之后的余额中列支,同时保险公司必须考虑到避免利率下调的风险,所以寿险的预定利率必然低于银行储蓄存款利率,保险公司金融化程度越低(投资率越低),两者间的差距越大。反之,金

[①]　资料来源:《中国保险业的发展》。

[②]　资料来源:"资金运用是保险业转换机制重点",《金融时报》1992 年 3 月 19 日。

融化程度越高,越有条件接近一年期储蓄存款利率。条件成熟尚可促使寿险保单向金融性投资转化,即所谓的分红保险。

我国现行的寿险制度是处于抑制性金融市场环境中的产物,由于预定年复利率低于一年期储蓄存款利率,客观上存在着储蓄寿险不如银行储蓄的状况(如表6-1)。

表 6-1　7 份简身险保额与同额储蓄本息对照

单位:元

项目	类别	简身险各年期 7 份的保额	按保险期逐月存款原到期本息	差额
三十年	16—30 周岁	6 790.00	20 446.56	13 656.56
	31—40 周岁	5 971.00		14 475.56
二十年	16—40 周岁	3 234.00	6 198.18	2 964.18
	41—50 周岁	2 828.00		3 370.18
十五年	16—40 周岁	2 016.00	3 229.17	1 213.17
	41—50 周岁	1 883.00		1 346.17
	51—55 周岁	1 722.00		1 507.17
十年	16—40 周岁	1 099.00	1 529.67	430.67
	41—50 周岁	1 077.00		522.67
	51—60 周岁	1 011.00		528.67
五年	16—65 周岁	441.00	556.84	115.84

资料来源:丑树元"简易人身保险业务滑坡的主要原因",《保险研究》1989 年第 6 期。

此对照表说明了简身险保额太低(即保单售价太高),保户不仅无利可图,且相对于储蓄收益甚至达到了亏本的程度,且期限愈长亏本愈甚。

再对我国现行养老金保险交费给付办法与储蓄本利和进行初步估算,结果也显示出投保不如储蓄的现象。根据中国人民保险公司 1988年第 305 号文件,月交月付养老金金额表①,月交保费 1 元,年复利率

---

① 1989 年,银行一年期利率为 11.34% ;1990 年 4 月 1 日调为 10.08% ;1990 年 8 月21 日调为 8.64% 。

8.8%估算,交费年期34年,男性50岁退休,月额养老金17.82元。从储蓄本利和方式计算,也按34年计,月存1元,不到一年的按零存整取利率,一年整12元后,转入一年定期存款,也按预定年复利率8.8%计算,34年后本利和为2 377.25元①。第35年后,该本利和还按年利率8.8%,则每年得息209.20元,每月平均收入为17.43元,与17.82元所差无几,而且无须动用本金,身后尚可作为遗产留给后代。此例充分说明了现行个人养老金交费和给付额不对称,相对于储蓄,被保险人是一种损失,而对于保险人来说收益颇丰,所以有关部门争办养老金保险也就不奇怪了。

　　银行储蓄和储蓄寿险是完全可以相互替代的两种自我保障行为,在它们之间的选择取决于这两种经济行为的机会成本。长期性简易人身险和养老金保险与储蓄之间的比较选择,即使在机会成本相同之下,人们还是倾向于储蓄,这是因为:(1)储蓄的流动性比寿险大,寿险中途退保必须负担风险费用;(2)储蓄的灵活性比寿险大,寿险要求按合同连续交费,带有一定程度的强制性,如果推迟交费,补交时要收取规定的利息;(3)储蓄收益与保险金收入一样享受免税待遇,国外(如美国)三个月以上定期存款则视同投资,收益要征税,所以保险金收入免税可鼓励投保;(4)储蓄利率对通货膨胀反应的灵敏度比保险高,受损程度比寿险低,保值条件比寿险好。根据上述分析,储蓄性人身险的机会成本一定要压到低于银行储蓄的机会成本,才能有条件让保户真正受益。这只有在保险公司完全金融化,资本投向空间更为扩大的时候才有可能。

---

① 交足34年,死亡退保金额为2 203.54元。转存定期一年,得息2 203.54×8.8% = 193.91元,月均收入16.16元。

第七章　我国保险市场模式取向选择

一、保险深化改革的政策取向

上一章,我们通过对保险压制原因的考察,阐述了造成我国保险经济浅化的制度因素。从总体上讲,保险经济的深化过程是一个社会系统工程,但是,就保险经济本身而言,由保险压制所产生的保险深化改革的政策取向必然是要求培育和发展保险市场,引进和健全竞争机制。其关节点是:(1)保险企业完全金融化(见第一章论述);(2)开放保险市场,实现保险机构多元化;(3)放松费率管制,实现保险价格市场化。

我们在保险市场均衡分析中,已经明确了保险市场开放度和保险价格的合理化所能达到的程度取决于保险市场模式(参阅第五章第五节"均衡价格分析")。保险市场是保险供求关系的总和,本质上是保险分配关系的总和。同时,保险分配是国民经济中后备基金分配的一种特殊形态,从而保险市场供求关系客观上存在着保险分配与财政分配、财务分配、信用分配、个人消费分配之间的关系与联系。可见保险市场模式的选择,不仅决定着保险市场的开放度和价格合理化程度,而且决定着保险分配内部关系的基本框架和外部关系与联系的基本框架,并由此产生与之相适应的市场政策和管理手段(包括:经济手段、行政手段和法律手段)。我们完全有理由相信:市场化是保险体制改革的"牛鼻子",市场化的深度和广度决定着一国保险经济深化的程度。

二、我国保险市场的现存模式

1985 年 3 月 3 日,由国务院发布、同年 4 月 1 日生效的我国《保险企业管理暂行条例》(以下简称《条例》),明确规定了在中华人民共和国境内允许多家办保险的法律规范,不仅可以是国营的,也可以是其他所有制形式的保险公司。从而从法律上打破了中国人民保险公司在国内保险市场一统天下的独家垄断地位。我以为《条例》的实质就是引进和鼓励市场竞争机制。"允许申请设立其他保险企业,对改革垄断局面和条块分割状态是个大的突破,只有开展竞争,才能增强保险事业的活力,促进业务技术水平的不断提高,促进经营管理的改善,促进新事物的诞生。而且只有竞争,才能增强企业生命力,在竞争中推动整个保险事业的兴旺发达。"①但是,迄今依法成立的几家保险公司还处于小范围的经营状况,在国内保险市场所占份额微不足道,尚未根本动摇中国人民保险公司的垄断地位。尽管如此,我国的保险市场已经发生了变化,现存的国内保险市场模式结构有:

(一) 独占模式

独占模式,即完全垄断模式。我国完全垄断模式有:1.全国性国营公司垄断,即人保公司垄断了域内大部分省(市)地县的保险市场,独家经营各类保险业务。2.区域性公股专业公司垄断,主要是地区性的人寿保险公司。如厦门人寿保险公司,它由人保厦门分公司与厦门国际信托投资公司合资成立,专营厦门本地区人身保险业务。地区性人

---

① 吴越:"贯彻《保险企业管理暂行条例》,振兴中国保险事业",《保险研究》1985 年第 3 期。

寿保险专业公司的出现,是否预示着我国寿险业务与非寿险业务逐步
分离的倾向尚未可知。

（二）闽广模式

所谓"闽广模式",即在闽广两省实施人保公司代两省财政办保险
的做法。具体说来,就是两省的保费收入(除涉外保险和人身保险另
有规定外)归地方省财政收入,财政负担风险,两省人保公司则拿保费
收入15%的佣金(代办费)。所以,"闽广模式"堪称典型的财政办保
险传统的复归。令人费解的是,全国最开放的两个省在保险经济方面
却采取了全国最保守的做法。

"闽广模式"也可谓是典型的财政垄断型保险市场,它对外来的保
险竞争可以借助行政力量构筑起一道坚强的市场壁垒,以完全排除外
来竞争因素。据悉交通银行全资太平洋保险公司,不久前曾以承诺为
福建省财政代办保险为条件,向人民银行申请经营由人保公司专营的
四大险种。"闽广模式"的保险市场壁垒由此可见一斑。

（三）上海模式

目前的"上海模式"是一种国内保险市场双寡头垄断竞争的发端。

原来,交通银行和中国国际信托投资公司经中国人民银行批准分
别设立了保险部,经营非寿险业务。然而,它们均没有取得保险法人的
独立人格,多少有些名不正言不顺。1991年,交通银行全资太平洋保
险公司被批准成立,于4月26日在上海正式开业。它是一家全国性的
社会主义公股保险企业,将在全国各地逐步设立分公司。根据特许的
业务范围,太平洋保险公司几乎可以经营人保公司所有的业务。即使
眼下人保公司有分割出人身险业务的倾向,太平洋保险公司依然以综
合性保险公司的身份出现,可谓"身手不凡,来者不善"。但是,尽管如

此,由于人保公司与财政之间具有明确的"收益共享、风险共担"的关系,太平洋保险公司将如何冲破保险市场的这种地区藩篱,还是个有待解决的问题。

(四) 深圳模式

"深圳模式"在我国境内算得上一种比较开放的保险市场,其特点是保险市场投资主体多元化。不仅有国营人保公司,中国工商银行与香港轮船招商局合资创办的平安保险公司,更有香港的民安保险公司深圳分公司。三家保险公司展开公平合理竞争。通过竞争,既给企业和个人创造了可选择的机会,又促进各家保险公司提高了管理水平和服务质量,从而在实现了保险企业微观经济效益的同时,也实现了保险经济的社会宏观经济效益,对改善深圳经济特区的投资环境起到了积极的促进作用。比如深圳人保公司,面对日趋激烈的市场竞争,提出"以服务为宗旨,树立良好的人保公司形象,把提高服务质量和水平作为竞争的主要手段"的展业指导思想,1990 年,在经济增长速度放缓、市场疲软和竞争冲击的考验下,承保总金额达到811.4 亿元,比上年增长 33.92%,赔款总额达 1 亿元[1]。同时,平安保险公司业务也得到迅速发展,续保率达93%以上,发展新客户 2 000 多家,至 1991 年 3 月,承保总额达 400 多亿元,1990 年支付赔款 3 000 万元。1991 年 2 月 19 日,中国人民银行正式批准平安保险公司新章程,明确了该公司是"社会主义股份制企业",可重点在国家沿海城市设立分支机构或附属机构[2]。然而,平安保险公司同样面临着保险市场地区性分割锁闭问题。

---

[1] 《金融时报》1991 年 4 月 18 日。
[2] 《金融时报》1991 年 3 月 28 日。

以上现存的四种不同类型的保险市场模式,生动而又如实地描绘出我国保险市场体制正在进行着一场小心翼翼的、由浅入深的、"外科手术"式的改革与探索。从发展过程看,方向是开放搞活。

三、保险市场模式取向讨论

《条例》于 1985 年 4 月 1 日生效后,虽然从法律上否定了由中国人民保险公司独家垄断国内保险市场的完全垄断模式,但是,人们的认识并不因此一下子达到统一,围绕着"一家办,还是多家办"论争不已,尤其在 1988、1989 两年一度出现保险市场的混乱局面,给多家办保险的主张招致颇多微词。然而"多家办保险"的市场观念和竞争意识符合商品经济发展的客观规律,所以它在理论上总是占据上风,而且正在实验和推广中。人保公司总经理李裕民在 1991 年全国保险工作会议上也同样指出:"竞争可以起到相互促进、相互补充的作用。只要发挥其积极的一面,限制其消极的一面,就会有力地促进保险事业的发展。"①可见,时至今日,在保险界,市场与竞争已经成为共识。但是,就多家办的市场模式取向仍有不同主张:

(一)寡头垄断模式取向②

寡头垄断模式,提倡建立国家指导性计划下的、以人保公司为主导的、适度竞争的保险市场模式。所谓"适度竞争",是指"有限的、不完全竞争的市场"(注意:在这里,所谓的"不完全竞争"被赋予了特殊含义),其内涵包括以下几点:

---

① 《中国保险》1991 年第 2 期。
② 《中国保险业的发展》第四章第四节。

1.国家通过立法确定人保公司在市场上的主导地位(这里是在特权的意义上使用"主导"的概念)。其特权有：

(1)经营垄断性业务。其中包括法定保险,各种外币保险业务,国营、外资、中外合资、中外合作企业的各种保险业务和国际再保险业务。上述业务其他保险企业非经法规认可或国务院批准不得经营。

(2)行使国家专业再保险机构机能,接受其他保险业依法分出的业务①。

(3)在既有险种范围内实行以中国人民保险公司的条款、费率为基本条款和基础费率的方针。

2.数家大型全国性保险公司垄断全部市场业务,政府主管机关对市场结构严加控制,新企业进入市场极其困难。在相当长时期内,对外国保险资本采取封闭政策,以保护民族保险业的发展。

3.严格限制竞争手段。政府主管机关对条款、费率实行严格监督和管理,不允许以自杀性费率为手段展开竞争。竞争的主要手段是服务范围和服务质量。

寡头垄断论认为,以人保公司为主导的少数几家大公司适度竞争的保险市场,其优点:一是市场竞争机制比较完善,并能克服完全垄断模式的诸多弊端;二是大公司实力雄厚,极不易倒闭,从而实现了保险市场结构稳定,有利于保险事业发展;三是大公司之间行为容易协调,自控能力强,便于当局程序化管理;四是能避免同一地点设立过多的保险机构和分支机构,行业管理费用比较节约。

---

① 《保险企业管理暂行条例》第十八条:"按本条例第六条规定设立的保险企业必须至少将其经营的全部保险业务的30%向中国人民保险公司办理再保险。"第十九条:"经营人身保险以外的各种保险业务的保险企业对每一危险单位的自负责任,除保险管理机关特别批准者外,不得超过实收资本加总准备金(或公积金)的总额10%。超过这个限额的部分,必须向中国人民保险公司办理再保险。"

（二）开放竞争模式取向

开放型竞争取向立足于建立多层次、多形式、多种经济成分、开放型的保险市场体系。但在开放度上又各有主张。开放度可分为：对外封闭，对内开放①；对外相对封闭，对内完全开放；对内对外完全开放（未见有成熟系统的论述，现阶段也不切合实际）。下面是两种比较有代表性的观点：

1. 主体型竞争取向

主体型竞争取向主张以中国人民保险公司为主体的开放型保险市场模式。该观点认为："以中国人民保险公司为主体，实行多家办保险是符合我国国情的，是中国式的保险经营模式。"②"建立以国家保险公司为主体的、多种保险机构并存，各有侧重和分工协作的新型的社会主义保险体系。中国人民保险公司在保险体系中的主体地位不能改变。今后可能出现的其他保险企业的建立、调整、裁并都不能影响国家保险公司主体地位的存在。"③

必须注意的是，主体论者，其"主体"的含义是否包含着《条例》中所规定的特权，我们不得而知。如果是肯定的，那么即为主体型下的有限竞争，这种有限竞争导致国内保险市场的相对封闭状态。

2. 对外相对封闭，对内完全开放取向

对外相对封闭，对内完全开放取向的观点主张："允许中央、地方、

---

① "敞开大门，让外国资本进入国内保险市场，与我国保险企业竞争，显然不利于我国保险事业的发展。"参阅雍万里："学习贯彻十三大精神，深化保险体制改革"，《保险研究》1988 年第 1 期。

② 《保险经营学》。

③ 周志诚："我国保险体制改革的长短期设想"，中国保险学会编《全国保险理论研讨会论文选集》中册，1986 年版。

条条(行业)、块块(省市)、全国性的、经济区域性的、专业性的、全民的、集团的都可以办保险,也可以办股份制的保险公司,欢迎台湾省和香港的华资保险企业来内陆设点,办理保险、再保险业务①,有限制地允许外国保险商来中国开放城市设立机构,开展保险业之间的有益竞争。"②"坚持商品经济的原则,保险业就要开展竞争,打破国营公司独家垄断一统天下的局面。我非常同意大家来办保险的主张。……甚至允许国外保险机构来华经营保险业务。"③

(三) 比较与选择

1.模式取向比较

(1)保险资本的社会化程度不同。寡头垄断取向主张只有少数几家全国性大保险公司垄断着全部市场业务,新企业进入市场极其困难。也就是说,保险管理当局可以凭借行政手段,否决依法申请的具备开业条件的任何申请人,以保证竞争能够被限制在几家特许公司范围内,从而便于用行政手段控制竞争。而开放型竞争取向,则主张资本自由进出保险市场,大小保险企业或组织并存。从而,保险市场吸纳资本能力强,补偿机制的社会化程度高,能够充分利用市场竞争机制调整保险分配关系。

(2)竞争范围不同。寡头垄断取向主张坚持特权,画地为牢。所谓有限竞争论,实际上是排斥其他保险企业在人保公司现有特权范围内竞争,以保持人保公司在绝大部分业务领域的独家垄断地位。开放型取向(非主体型)则主张全面公平竞争。

---

① 已有香港民安公司在深圳设分公司。
② 吴越:"转变观念,改革保险体制",《上海保险》1987 年第 4 期。
③ 吴耀宗:"按商品原则改革保险管理体制",中国保险学会编《全国保险理论研讨会论文选集》上册,1986 年版。

（3）费率竞争与否看法不同。寡头垄断取向主张排除价格竞争因素，要求对保险条款、费率实施严格的监督与管理，并要求以人保公司的条款、费率为基准①，主张竞争要严格限制在服务范围与质量方面。我们以为这只不过是一种美好的想象和良好的愿望。因为市场上任何商品的竞争，其最敏感的对象始终是价格，"谁便宜买谁的"，这就是价值法则。尽管有保险行业公会来协调费率，仍然摆脱不了这一法则，否则也就不存在费率竞争现象了。况且在价格竞争上的手段又是千变万化、层出不穷的。诸如加大回扣、续保优惠、无赔款优惠、合同责任条款变化，等等。事实上，寡头垄断并不能完全排除价格竞争，否则就成了完全垄断下的价格条件。另一方面，寡头垄断也不排除价格上的暂时协调，否则就成了垄断竞争下的价格条件。

与寡头垄断取向的主张相反，开放型取向则主张：保险既然是买卖行为，那么，"保险价格的确定要遵循规律的要求。是高是低？今天中国保险是一家垄断、价格也垄断，好像问题不大，但这不符合价值规律的要求。在资本主义国家保险是看价格高低的，谁的低买谁的"②。

2. 开放型取向的选择

上述比较分析的结果表明，寡头垄断取向仍然崇尚以行政管理为主的市场模式，这种模式的思路近似 20 世纪 80 年代中期银行体制改革取向。当时的银行体制改革是：中央银行与专业银行职能分离，专业银行"四大金刚"各霸一方，后来起用交通银行渗透竞争，形成所谓银行体系的"有限的适度竞争"模式。然而，发展至今，却是"四大金刚"一比高下不已，竞争此起彼伏，地方性银行机构崛起（如发展银行、兴

---

① 不免带有人保公司一家操纵价格之嫌，其结果势必回到管制价格的老路上去。

② 吴耀宗："按商品原则改革保险管理体制"，中国保险学会编《全国保险理论研讨会论文选集》上册，1986 年版。

业银行等),行业集团财务公司涌现,更有开放城市引进外资银行方兴未艾,估计民营银行机构的出现将势所难免。实践已经雄辩地说明了那种理想化了的、以行政手段培育出来的、封闭式寡头垄断模式是难以为继的。改革开放要求金融深化(包括保险深化),而金融深化的政策导向必然要求银行和非银行金融机构多元化,利率市场化(在我国至今仍实行利率管制政策)。① 银行、货币与利率属宏观经济范畴与宏观调控体系,尚且如此,保险属微观经济范畴,也不可能成为宏观调控手段,更何况与货币商品相比,保险属一般商品范畴,所以更没有理由囿于专卖经营和限价政策。我们以为是保险压制使得保险市场无法正常发育,而不是保险市场不发育需要垄断经营。所以从保险压制到保险深化,必然要走保险商品市场化的路子,核心是保险机构多元化与保险价格市场化。也就是建立开放型竞争模式的保险市场,首先是开放国内市场,这是由改革开放总体战略所决定的,而不是一种意志偏好的选择。

四、垄断竞争取向的必然性

(一) 必然性分析

按照市场供求关系以及与之相适应的均衡价格分类,开放型竞争模式又可分为完全竞争市场模式和垄断竞争市场模式两种。迄今,在现有的关于提倡开放保险市场的论著中,均未见有明确主张上述两种类型之一的②。虽然完全竞争模式包含着价值规律得以最充分表现的

---

① 随着开放金融市场,信用工具多样化,投资多元化趋势,放松利率管制在所难免。
② 主体型开放竞争论往往主张只能在人保公司垄断性业务之外开放竞争,故而不能列入垄断竞争范畴。

条件,从而费率的决定比任何其他市场模式都更趋合理。但是,可以认为垄断竞争取向在我国有其必然性。

首先,少数几家全国性大保险公司将垄断市场绝大部分份额,尤其是人保公司凭借其雄厚的实力和40年的展业经营优势,在保险市场上仍然占据主渠道地位①,其费率也将成为市场主导费率(参照费率)。我们知道,美国的金融市场可称得上完全竞争性市场。比如加州戴维斯城,人口仅5万上下,银行及其他储蓄信贷协会等就达10家左右,它们利率各一,行小则储蓄存款利率高,面对面挂牌竞争。尽管如此,北美和韦尔华高两家大银行的利率始终起主导作用,它们不仅储蓄存款利率最低,而且同档次定存金额起点又最高,然而它们凭实力所显示出来的安全感比高利率更能吸引大主顾。而存款量不大的顾客更愿意往小银行跑。这说明在商品市场上,需求与供给的对称或均衡是分层次的,保险市场同样有这种现象。投保人在决定转嫁风险时,必然要对保险人进行选择,甚至采取多家投保手段以分散危险,即所谓"分筐装蛋"原理,大公司往往在这方面占优势,能够吸引众多的大中型企业。这就是大公司费率虽略高于小公司,而又能占有市场绝对份额原因之所在。在竞争环境中,小公司易倒闭的脆弱性,则更显示出大公司的稳固性,垄断竞争由此而生。

其次,经济主体的商品意识、市场意识、价值观念和核算观念的强化,必然导致对保险商品的替代竞争,从而出现合作保险、相互保险、行业保险、集团保险等营利性或非营利性的、合法或合理"不合法"保险组织或团体。但是,它们的业务经营范围和对象都很有限。

再次,在高利润率的吸引下,地方性保险公司、股份有限保险公司等可能成立,但它们的实力、技术、信息、信誉等方面都不能与全国性大

---

① 近来以人保公司为主渠道的提法为多见。

公司相比拟,且经营对象和地域也受限制。而且当利润率下降到平均利润率水平①,保险市场对新资本也就随之失去吸引力。

最后,垄断竞争和寡头垄断虽都是不完全竞争形式,但是寡头垄断立足于卖方市场,卖方市场最易滋生官商作风、费率高估、网点稀缺、服务质量差、险种单调、创新不足等现象,从而抑制保险需求和浪费保险资源。相反,垄断竞争则立足于买方市场,有利于克服寡头垄断所未能尽除的在完全垄断下的种种弊端,有利于增加保险供给,刺激有效需求。

(二)澄清几个问题

非难开放型竞争模式的理由,主要有:破产倒闭论、自杀性费率论和管理费用浪费论。此三论从直观上看不无道理,然而仔细分析起来有失偏颇。

1. 关于"破产倒闭"

担心破产倒闭的同志认为,在竞争机制的作用下,开放竞争而不加以限制,就会发生经常性的保险企业倒闭破产。如是,就有损于保险公司的诚信、可靠的形象,动摇人们对保险人的信任,这对我国建设过程中的保险业发展不利。此说有一定道理,竞争与破产是一对孪生兄弟,破产的可能性产生对企业经营行为的外在强制约束机制,这对任何企业都一样。问题在于如何监督管理和规范保险企业的行为。根据第五章第三节"保险供给定量分析",保险管理当局只要:(1)加强对保险业的保证金、经营资本比率(或总准备金比率)、危险单位承保限额比率的监督管理,健全分保制度,限制承保的盲目扩张;(2)加强经营资本流动性结构比率的监督管理,保证赔付的变现能力;(3)对不符合规定的出示黄牌警告,乃至停业整顿。以上三点旨在管理上实现制度化、程

---

① 这部分包括承保业务和金融性业务两项新创造的利润总和。

序化、系统化和数量化。这样,就能达到极大限度地消除保险企业破产倒闭的可能性,即使发生个别倒闭清盘现象,被保险人的利益也能得到有效保护,此其一。其二,破产倒闭论往往只看到中小型保险公司总准备金相对小的一面,而忽略了由分保机制所形成的保险市场保险基金趋于一体化的一面。另外,也没有看到中小公司保险基金相对于它们的承保责任具有其充足的一面,而大公司也可能存在保险基金相对于其承保责任有不足的一面。因此,我们不能单纯从现象的推理出发,把可能性断言为必然性,因噎废食。

2. 关于"自杀性费率"

所谓"自杀性费率",指竞争的结果导致市场费率降低到以损失概率计算出来的费率临界点以下。比如以赔付率70%为临界,过这个临界点,将发生承保亏损。这种"自杀性费率"的概念来自世界保险市场承保能力过剩,相互竞价,从而导致带有普遍性的承保业务亏损现象。但因"自杀性费率"而破产倒闭的公司鲜见。为什么?中国人民保险公司魏润泉先生做了透彻说明:"当前国际保险市场上,由于竞争而大幅度降低费率,这导致直接业务的亏损,因而只能通过资金运用收益来达到资产负债的平衡或者盈余,这已是司空见惯了。但长期的降低费率和永久性的业务亏损这种两败俱伤的竞争方法终非是长久之计,某些业务的亏损已经引起保险市场的不安。从而出现了从价格竞争到非价格竞争的转移。非价格竞争主要反映为承保服务、推销技术、产品质量方面下功夫。……"[①]这段分析隐含着两个道理:(1)保险竞价是有条件的,即保险公司必须具备融资公司(或投资公司)职能,它作为一个完整的金融机构取得资本利润;(2)保险竞价是有限的,而不是无限的,临界点是各公司对保费收入、投资收益预期和赔付预期三者做通盘

---

① 魏润泉:"谈保险市场的内涵和机制作用",《保险理论与实践》1990年第5期。

权衡后厘定竞争性费率的参照点。由此可见,所谓"自杀性费率"只是描绘了保险市场竞价的表面现象,而不能揭示在保险企业职能双重化后(组织经济补偿职能与融通资金职能的统一),保险商品市场价格决定的特有现象,即保险与金融相互渗透、互动发展的条件下保险费率决定的特有现象①,因此难免陷入似是而非。

3. 关于"管理费用浪费"

"管理费用浪费"说认为,开放型竞争会造成两方面的社会浪费:(1)增加保险管理当局的工作量;(2)增加保险经营的费用支出成本。因而是不经济的。此说尚有可商榷之处。

首先,垄断竞争均衡价格低于寡头垄断均衡价格,从而降低了投保人或被保险人转嫁风险的机会成本,实现了投保人或被保险人以尽可能小的保险费支出得到尽可能大的经济保障的社会效益。

其次,较低的保费必然刺激保险有效需求的增加,从而扩大了保险覆盖面。它一方面增加了保险人的保险费收入,另一方面提高了国民经济的保险后备实力。

再次,被保险企业转嫁风险的成本降低,利润增加,从而企业、财政受益。

以上述三点的社会效应看,"浪费说"只见树木,不见森林。

最后,从市场竞争机制看,当某一部门超额利润消失后,新的资本一般会停止进入该部门。当利润平均化后,该部门的企业必须降低经营成本(包括各项非生产费用),以便继续得到超额利润,增强竞争地位,这是竞争的强制,保险行业也毫无例外地遵循这一规律,管理费用

---

① 保险公司职能双重化后,保险商品市场价格不仅决定于保险金额损失或效率,而且受投资收益率预期的影响。市场价格低于价值,可视为对被保险人返还一部分投资收益,称为费率贴水未尝不可。

浪费一般只能以超额利润或其他非经济因素为条件。因此,完全垄断和寡头垄断所形成的超额利润,仍是造成低效益和浪费的温床。其表现形式是商品的价格与商品的质量和提供商品的服务质量不对称,即开价太高。这种现象说明社会劳动量在该部门的分配与实际需求不对称。那么,价值规律作用的必然结果是引导新资本进入该部门,一直到超额利润消失,从而低效益和浪费的温床也随之消失,价格趋于合理。可见,指摘竞争造成低效益和浪费之说,无非是为垄断超额利润辩护的托词罢了。如果进而把超额利润与国家财政利益联系起来,那么完全垄断或寡头垄断便神圣不可侵犯了。

五、竞争规则的若干思考

保险深化改革的政策取向是市场化。市场竞争的自发倾向带有盲目性。因此,垄断竞争模式所要实现的目标:一是竞争主体多元化——保险分配关系商品化、市场化;二是主体竞争有序化——克服盲目竞争的自发倾向;三是市场管理数量化——达到对市场主体监控的制度化和程序化。根据这三大目标的要求,给出竞争规则如下:

(一) 公有制主体原则①

社会主义保险市场应坚持以公有制为主体多种经济成分并存的所有制形式,这是大原则。全国性的大垄断保险公司,应以公有制经济成分为主,它们内部虽然存在着竞争的一面,但也存在着竞争行为相对比较容易协调的一面,此其一。其二,公有制经济相对比较容易接受政府的管理监督。其三,它们的竞争行为对保险市场起支配作用。其四,公

---

① 指生产资料所有制主体,而不是像上文所指的拥有业务特权意义上的"主体"。

有制经济性质决定了公司经营的目标是为社会主义经济持续稳定发展
提供经济补偿制度,在这个目标的前提下实现公司利益的最大化。可
以认为,坚持了保险市场公有制主体原则,也就坚持了保险市场稳定健
康发展的方向。

(二)公平竞争原则

公平是竞争的前提条件,现行《条例》为个别大公司规定了过多的
经营特权,在绝大部分领域形成了寡头垄断①。根据该《条例》,中小资
本不仅筹资注册难,而且经营竞争难。另一方面,在成为专卖范围内的
保险业务,投保人与保险人形成固着的买卖关系,没有选择保险人的自
由。公平竞争原则要求保险企业法作如下一些调整:

第一,拓宽竞争范围②。由于涉外保险、国内外再保险等业务技术
性强,信息度高,非一般中小公司所能胜任,应由保险管理当局指定若
干家全国性大垄断公司承做外,其他国内业务应予全面放开,各公司或
专业公司可以在注册许可证范围内经营。法定保险业务,当局可以统
一保险条款、统一保险金额、统一赔付或给付办法,并规定最高费率限
价,由投保人选择保险人,形成对保险人承保、理赔等行为的约束。

第二,调整注册资本。现行《条例》第八条规定:“经营人身险最低
资本额为 2 000 万元,经营人身险以外的保险业务最低资本额为 3 000
万元,两险兼营的最低资本额为 5 000 万元。”有人认为此规定额太低,
至少应提高 10 倍③。究竟是高了,还是低了? 我以为,以全国性公司
为准确实是低了,提高 10 倍实不为过。但是,如果是地区性公司则显

---

① 参阅《保险企业管理暂行条例》第十三条。
② 属社会保险范畴的,不在此范围内。
③ 吴奋:“关于整顿保险市场”,《保险研究》1989 年第 6 期。

太高了。比如以人保公司为准，注册资本为5亿人民币元，至省市公司不过1 600万元，至地市一级只不过200万至300万元。所以，对地区性保险公司来说，《条例》所规定的最低资本额太高，显失公平。建议保险机构的设置应以一级预算行政区为一级法人，分支机构就地注册就地纳税。最低资本额可以目前人保公司注册资本分配给各级公司的额度为参照系，确定一个合理额度。今后，凡在一级预算行政区设一分支机构都应规定注册资本，实际上也就是增资。现行《条例》关于资本额度的规定含混不清，似应修订。

就地纳税有利于消除地方行政壁垒，从而有利于全国性大保险公司的渗透竞争。另一方面当然会使中央财政减收。权宜办法可采取再保险业务集中人保公司经营，由人保公司统一核算，统一向中央财政纳税。这种办法处理有两个好处：一是可以避免保险分配关系与财政分配关系"斩不断，理还乱"现象；二是可以避免在当前中央财政困难时，税源流失过多。

第三，合理规定分保。强制分保规定，其实质是为了保证保险业经营的稳定性，维护被保险人的合法权益。但现行规定亦不尽合理。比如《条例》第十八条规定："保险企业必须至少将其经营的全部保险业务的30%向中国人民保险公司办理再保险。"其根据是什么呢？试问，如果某公司的全部业务尚不及其承保能力，自己都吃不饱，那么30%的强制分保意味着什么呢？不是强人所难吗？再如第十九条规定："经营人身保险以外的各种保险业务的保险企业对每一危险单位的自负责任，除保险管理机关特别批准者外，不得超过实收资本加总准备金（或公积金）的总额10%。超过这个限额的部分，必须向中国人民保险公司办理再保险。"这比率似乎又高了些。强制分保的规定涉及保险分配关系主体之间的利益关系，必须尽量做到科学合理。本文第五章关于保险供给定量的研究，可为此提供合理的尺度。即：

1. 在 $P=\dfrac{R+C}{3k}$ 的范围内①,该保险公司全部业务不必向外分保。

2. 以 $k=0.08$ 值的测算结果②,各保险公司每危险单位的自负责任应为其实收资本加总准备金总额的 6.6%。所以,为了保证保险公司业务经营的稳定性,危险单位的自负责任不宜超过经营资本的 7%。

总之,拓宽竞争范围、调整注册资本和合理规定分保是坚持公平竞争原则的三个核心。公平竞争就不能带有任何歧视性政策规定,否则,就没有公平竞争而言,而且还将对保险分配关系的理顺产生负影响。

(三)费率自主原则

费率自主,就是允许个别费率背离保险商品价值,由市场供求关系决定费率的平均水平,随行就市,形成保险市场的均衡价格。这个均衡价格有可能低于保险价值,但可由保险公司投资收益来抵补。同时,经济法则的强制性决定了费率竞价下浮的有限性。因此,放松费率管制,只对强制保险费率实行上限控制是可行的。在我国,由于金融压制,金融市场不发达,在短期内保险基金运用的空间和收益率极为有限,这种状况也就决定了保险公司竞价程度极为有限。根本原因在于当某一公司由于费率竞价,其赔付率一旦接近或超过临界点,就势必妨碍其总准备金积累,甚至亏蚀,结果必然会伤及其承保能力,而不得不将自己承揽的业务大量分保出去,导致自身业务萎缩,为他人作嫁衣裳,甚至沦

---

① $P=$净保费总收入,$R=$总准备金,$C=$资产金。设 $k=0.1$。当然,当局可根据各保险公司的经营状况,浮动 k 的值。比如小型公司经营的稳定性可能会差些,则 k 值应略高于 0.1。

② 此处 k 值表现为保险管理当局对保险业稳定的要求,一般应考虑 k 值略小于 0.1 为宜。

为大公司的"代理机构"。这是因为，虽然个别保险公司可以下浮费率，但是，保险管理当局必须用标准净费率①来测算单个保险公司的经营资本比率，而不是用个别保险公司的个别净保费总额计算比率。只要符合标准比率（不符合标准的通过强制分保达到标准），且流动性符合要求，那么被保险人的合法权益已经得到保证，而与个别费率高低无关。所以，我们可以认为，因费率竞争而担心保险市场混乱者是没有必要的，所谓"自杀性费率"是不存在的，而应把保险商品市场价格低于价值的现象看成是保险与金融相互渗透的结果。可以断言，只要存在保险市场竞争，费率竞价就不可避免，强求一律充其量也只能是徒有其名。

（四）经营独立原则

经营独立有两层含义：一是中国人民保险公司与财政彻底脱钩；二是废除任何超经济的强制互补。

现行财政与人保公司的关系是"收益共享、风险共担"，保险基金与两级财政预算穿连裆裤，财政用"兜底"的办法使自己成为人保公司的后台老板，无形中人保公司成为财政的"代理人"（闽广两省则是名副其实的代理人），这种现象是保险分配关系在商品经济条件下的错位。它具有对外来竞争的一种本能抵制，此其一。其二，它具有利用行政手段展业的内在要求。甚至把商业保险行为列为地方行政首长的任职目标，令自愿保险发生形变，故"保险税"一说并非不实。例如《光明日报》1991 年 2 月 23 日曾报道，最近，在湖南省岳阳市召开的减轻农民负担现场经验交流会上，湖南省某副省长在做总结发言的同时公开做了检讨："由于我在一份有关部门送来的统保报告上做了错误的批

---

①　标准净费率可定义为保险管理当局测算和厘定的净费率，或者由保险人公会合议厘定的净费率。

示,导致一些地方把保险搞成了强行摊派,造成很不好的影响。"他的检讨令与会同志十分感动。

目前,强制互补的现象有:第一,利用银行的固定信贷关系强制互补。这本身就带有金融压制因素。其表现形式主要是利用企业对贷款的需求,"规定"不投保财产险的不贷,保险公司答应将该行兜揽的保险费存入该行,并支付代办费,银行两者兼收,何乐而不为。实际上这是一种张冠李戴的做法。按理银行为了贷款的安全性和按期保证归流,应要求企业投保债务保证保险作为信贷合同的从合同,而无权要求企业投保财产险。第二,利用提供的劳务或商品强制互补。比如杭州西湖游船服务,票价另收保险费1角,把应属于营业责任险的险种,变成游客意外伤害险。

总之,利用各种超经济手段展业,都会背离保险公司经营独立原则,都不可能有正常的竞争,同时也将极大地伤害正常的保险分配关系,导致保险分配关系变形、变质。

(五) 替代竞争原则

企业和个人的风险财产,客观上存在着:第一,自保后备——企业风险基金和个人储蓄;第二,共担风险——合作保险和相互保险等;第三,转嫁风险——商业保险。因此,客观上也就不可避免地存在着三种形式的替代竞争(在这里暂时不论保险市场上的保险商品替代竞争)。企业和个人风险财务选择主要考虑两个因素:一是承受能力;二是风险财务的机会成本。前几年所发生的保险市场混乱局面,有的是属于不合理不合法的乱办保险。有的则是属于合理"不合法"的替代竞争。前者无论利用何种形式均属清理整顿范围,而后者则应加以规范。合作保险和相互保险有待于行政管理法加以规范,基本原则应该做到资本金加公积金与所承担的风险相称,并且必须具备相应的变现能力,超过部分必须向外分保。比较难于控制的是行业保险,它是一种带有共保性质的自保后备。不过行业保险可运用以下几种办法加以监督管理:一是要求有相应的风险准备金并专户管理;二是规定相应的流动性比率,其中银行存款应占总准备金的20%;三是按风险准备金额度确定风险承受能力,超过的必须向外投保;四是没有达到前三项要求的,该系统各参加单位"保费"不得在成本中列支(合作保险和相互保险也可参照此条)。合作保险、相互保险和行业保险由保险管理当局视同商业保险公司监督管理,以使竞争替代有序化和规范化。

(六)税率一体原则

税率一体原则要求各大小注册保险公司税率一视同仁。保险公司的税源来自两个方面:一是直接业务;二是间接业务。

第一,在直接承保业务方面,人保公司与财政脱钩后,经营风险自负,首先应取消15%的调节税。至于对保险业征收的55%所得税是高了,还是低了?我们以为,现在保险价格尚未理顺,1987年赔付率仅为35%,目前,人保公司的综合赔付率也仅为50%左右,[1]这种现象说明还存在超额利润,所以55%税率似可继续执行。它一方面可达到调节收入的目的,另一方面,可发挥一定程度的限制作用,阻止一些尚不具备条件的新企业进入市场,随着保险市场价格趋于合理,由财政和税务当局统筹考虑,逐步调整到位。

第二,在金融性间接业务方面,如投资、信贷、信托、入股等方面的业务收入,应视同一般金融机构税收政策。国外保险公司的税收来源主要是投资收益,直接业务已无足轻重。

第三,合作保险、相互保险和行业保险,顾名思义,原则上不应有对

---

① 资料来源:"资金运用是保险业转换机制的重点",《金融时报》1992年3月19日。

外承揽业务。其直接业务盈余部分转入公积金的,可暂免一切税以资鼓励,如用于分红,处理办法:一是转入各企业的营业外收入,由各该企业上税;二是税后分红,分红收入可转入企业基金。上述两种分红处理办法能有效杜绝这些保险组织假借高费率途径让企业从经营成本中逃避税收。至于它们的间接业务收入,可视同城乡信用社税率计征。

以上六原则是围绕着垄断竞争模式的保险市场而设计的,它们可以为保险立法、保险当局宏观监控的制度化、程序化和数量化等方面提供政策取向思路。

结　语

当前,我国保险体制改革正处在逐步深化的进程,本书以改革开放为基本点,提出了"四大改革主线"和"四大政策目标"。

四大改革主线:(1)保险体制模式改革——从财政型向金融型转轨;(2)保险经营模式改革——从非商品经营向商品性经营转化;(3)保险市场模式改革——从国营独家垄断向以公有制为主体的垄断竞争模式过渡;(4)保险宏观调控手段变革——从经验管理型到数量管理型转换。

四大政策目标:(1)尽可能扩大保险覆盖面,提高我国保险的密度和深度,增强保险后备实力;(2)尽可能创造条件,让投保人能够以最小的保费支出获得尽可能大的保险保障,最大限度地发挥社会主义保险的优越性;(3)保险立法上坚持维护被保险人的合法权益,关于这一点最明显不过的就是在主张费率自主的同时,强调以标准净费率核定保险业的营运资本必要量及其流动性结构,并以此制约其保险供给量,这样就保证了保险业的偿付能力和市场的稳定;(4)保险与金融应该朝着相互渗透的方向发展。如果不这样,随着改革开放不断深化过程,我国保险业在国际市场上的竞争能力将会处于劣势,保险资源将外流,我们应该有此紧迫感和危机感。

保险体制改革是一个大系统工程,"四大改革主线"是四个子系统。但是,它们之间又是彼此联系、互为条件的一个统一整体。"四大政策目标"是改革的出发点和归宿点。改革主线与政策目标之间是形式与内容的关系。形式为内容服务,即"四大改革"为"四大政策目标"服务。

主要参考文献

〔法〕让·帕斯寺尔·贝纳西：《市场非均衡经济学》，袁志刚等译，上海译文出版社 1989 年版。

〔美〕劳埃德·雷诺兹：《微观经济学》，马宾译，商务印书馆 1982 年版。

〔苏〕E. B. 柯诺明主编：《社会主义国家国家保险》，张旭初等译，武汉大学出版社 1986 年版。

〔苏〕M. K. 舍尔麦涅夫主编：《苏联财政》，毛蓉芳、陆南泉译，中国财政经济出版社 1980 年版。

〔苏〕康辛：《苏联国家保险》，中华书局 1953 年版。

〔日〕龟井利明：《保险理论与实务讲座》，辽宁大学金融保险系整理，1984 年 4 月。

〔日〕园乾治：《保险总论》，李进之译，中国金融出版社 1983 年版。

〔英〕理查德·L. 基钦：《发展中国家的金融》，周晓寒等译，黑龙江人民出版社 1990 年版。

《社会主义保险学》，中国金融出版社 1986 年版。

《资本论》第一卷第一、二、四章；第二卷第三至六章；第三卷第一、十、十六、十七、十八、五十、五十一章，人民出版社 1975 年版。

"保险业发展研究"课题组：《中国保险业的发展》，中国金融出版社 1990 年版。

邓大松主编：《社会保险》，武汉大学出版社 1989 年版。

桂裕：《保险法论》，台湾三民书局版。

黄宝奎主编：《比较金融制度》，厦门大学出版社 1989 年版。

李弘等编：《货币、金融与经济发展》，中国金融出版社 1988 年版。

李珍：《西方保险理论与实务》，武汉大学出版社 1990 年版。

林快青：《寿险总论》，台湾三民书局 1982 年版。

汪馥郁：《辩证逻辑和管理工作》，北京师范大学出版社 1986 年版。

王育宪、王巍：《保险经济论》，中国经济出版社 1987 年版。

叶月明编著:《苏联东欧国家保险概论》,武汉大学出版社 1990 年版。

袁宗蔚:《保险学》,台湾三民书局 1981 年版。

张旭初主编:《保险经营学》,武汉大学出版社 1986 年版。

张旭初主编:《保险新论》,中国金融出版社 1989 年版。

中国保险学会编:《全国保险理论研讨会论文选集》,1986 年 10 月。

中国人民大学数学教研室编:《概率论与数理统计》,中国人民大学出版社 1985 年版。

中国人民大学哲学系逻辑教研室编:《形式逻辑》,中国人民大学出版社 1980 年版。

George Clayton & W. T. Osborn, *Insurance Company Investment*, SIMSONSHAND LTD. ,1965.

George G. Kanfman, *The U. S. Financial System*, PRENTICE-HALL, INC. ,1983.

S. S. Huebner & Jr. Kenneth Black, *Life Insurance*, PRENTICE-HALL, INC. ,1982.